KB113584

여행하는 마음

여행하는 마음

—

김준연 인터뷰집

서문

접사 '-하다'는 모든 명사를 동사로 바꾸는 것은 아니어서 대체로 동작성이 있는 말에 붙어야 자연스럽다. 이 시리즈의 전작 『출판하는 마음』『문학하는 마음』『미술하는 마음』『다큐하는 마음』 등의 제목이 독특하게 느껴진다면 출판이나 문학, 미술과 다큐라는 단어 자체에 동작성이 적다는 판단 때문일 것이다. 이 시리즈의 제목을 문법에 따라 바루자면 '출판이라는 일을 하는 마음', '미술을 직업으로 삼은 사람들의 마음'이 되어야 한다. 그래야 일로서 무엇인가를 하고 어떤 생산물을 만들어내는 사람들의 마음을 들여다본다는 의미가 뚜렷해진다.

이 책의 인터뷰이 김하림의 말처럼 여행은 소비적이다.

"여행은 사실 굉장히 소비적인 행위의 연속이에요. 돈과 시간을 쓰는 일이니까요."

그의 말대로라면 이 책은 생산적인 구석이라곤 도무지 찾기 힘든 여행을 하는 사람들을 인터뷰한 것이 된다. 그런 책이 '일하는 마음' 시리즈에 섞여드는 게 과연 마땅한 일일까.

실제로 여행이 상품화된 지는 오래여서, 우리는 돈을 지불하며 여행이라는 서비스를 누리게 됐다. 155만 원이면 4박 5일 동안 리조트에 묵으며 사이판을 여행할 수 있고, 800만 원을 지불하면 아프리카 7개국을 수월히 여행할 수 있다. 8만 원을 내면 숙박이 포함된 래프팅을 할 수 있고, 5만 원을 내면 아홉 코스짜리 집라인을 탈 수 있으며, 단 몇 초짜리 짜릿함을 위해 3만 원을 지불하고 번지점프를 하기도 한다. 이처럼 누군가가 우리에게 판매하려고 만든 특별한 경험, 곧 '가짜 사건'들을 모험이라 여기며 구매하는 것이다.

그런데 우리가 이렇게 잘 짜인 상품을 구입하면, 누군가는 그 경험을 즐겁고도 상쾌한 것으로 만들 책임을 져야만 한다. 우리는 그 책임을 짊어진 이들의 노동을 잊곤 한다. 자신이 묵는 숙소를 안락하게 만들기 위해 애쓰는 사람들을 떠올리기 어렵고, 더욱 특별한 여행을 알리고 제공할 방법을 궁리하는 사람들 역시 소비의 뒤편에 가려 잊힌다. 상품으로서의 여행 너머에 노동으로서의 여행에 참여하는 이들이 필연적으로 존재함에도 말이다.

이 책의 인터뷰이 중 절반은 여행과 관련한 직업을 가진 이들이다. 스페인어 관광통역안내사 신애경은 한국을 찾는 외국인들이 만족스러운 여행을 하도록 돕는다. 김하림은 멕시코의 와하카라는 도시에서 한국인을 상대하는 게스트하우스를 운영한다. 그리고 김수현과 김대주, 케이채는 각각 여행 잡지와 텔레비전 여행 프로그램, 사진을 통해 사람들이 여행을 꿈꾸게 한다.

인터뷰이의 나머지 절반은 소비의 대상이 된 여행 산업에 반발하는 형태의 여행을 하는 이들이다. 이꽃송이는 카우치서핑과 히치하이킹으로 지출을 최소화하며 세계를 여행했다. 조경국은 오토바이를 몰아 유라시아 대륙을 왕복 횡단했다. 김지호는 장기 여행자로서 몇 년 동안 노마드의 삶을 살고 돌아왔다. 김미나·김중백 부부는 중동과 인도, 동남아시아 등지를 여행하며 대안적인 삶의 방식을 찾았으며 이다희는 살사를 배우고 추기 위해 중남미를 여행했다.

여행자 VS 관광객

이 책에서 가장 두드러지는 충돌은 이 두 축에서 비롯된다. 여행과 관광은, 토머스 쿡에 의해 상업적인 단체 여행이 시작된 뒤부터 구분되었다. 즐기기 위해 꼭 가지 않아도 될 곳을 기분에 따라 가는 관광은, 여행 안내서나 가이드 등을 매개로 새로운 곳을 경험하는 행위를 말한다. 주로 휴식에 방점이 찍혀 있다. 이에 비해 여행은 혼자, 혹은 적은 인원이 어느 곳에 가서 예상하지 못한 무언가를 찾으려 하는 행위다. 그래서 여행은 관광에 비해 능동적이다. 역사학자 부어스틴은 이를 두고 '과거의 여행은 과격한 스포츠였지만, 오늘날 여행(관광)은 구경하는 스포츠'라고 비유했다.

여행과 관광을 구분하는 시각에 따르면, 이 책에서 여행을 일로 삼지 않은 이들은 그야말로 과격한 스포츠로서의 여행을 하고 있는 듯 보인다. 김지호나 이꽃송이, 이다희가 들려주는 위험한 순간의 이야기들이 그것을 명백히 보여준다. 이들은 이미 알고 있던 것이나 기대하는 것을 확인하고자 하는 여행이 아니라 새로운 것을 발견하려는 여행을 한다. 그러다 보니 그 지역의 뒷면, 그러니까 관광 산업이 보여주고 싶어 하지 않는 부분까지 보게 된다.

반면 신애경이 인솔하는 외국인 관광객들은 한국이라는 낯선 환경 안으로 들어오긴 하지만 그 환경을 전면적으로 받아들이지는 않는다. 그들이 보게 되는 한국의 상당 부분은 간접적인 경험만 하도록 정교하게 만들어진 곳이다(경복궁의 수문장 교대의식이나 민속촌을 상기해보라). 게다가 관광객들은 세계 어느 나라에서나 같은 음악을 듣고 같은 브랜드로 채워진 상가에 가며, 실내만 본다면 어느 나라인지 구분하기도 힘든 호텔에 묵는다.

여행작가 폴 서루는 '홈 플러스(Home-plus)'라는 말로 이들의 여행 방식을 설명한다. 예컨대 스페인은 집에 햇살을 더한 것(Home-plus-Sunshine)이고 아프리카는 집에 코끼리를 더한 것(Home-plus-Elephants)이며 에콰도르는 집에 화산을 더

한 것(Home-plus-Volcanoes)과 같다는 것이다. 이는 외국에서도 집처럼 편안하고 익숙한 공간에 머물며 특별한 경험만을 선별적으로 구매한다는 의미다.

그러나 관광객으로서는 자신들에게 씌워진 이런 편견이 억울할지도 모른다. "관광객은 대중이다. 노동자이자 소비자다. 관광객은 사적인 존재고 공적인 역할을 맡고 있지 않다. (…) 관광객은 단지 돈을 쓸 뿐이다."[*] 관광객은 방문지라는 풍경 속에 미끄러져 들어가는 사람이며 세계 전체를 쇼핑몰처럼 무연히 바라볼 뿐이라는 것이다. 그런데 제아무리 모험이나 경험을 열렬히 추구하는 여행자라 하더라도 소비에서 벗어나기란 힘들다. 정도의 차이만 있을 뿐, 관광객과 여행자를 명확하게 구분하는 일은 사실 가능하지 않다는 말이다.

일러두고 싶은 것은 이 책에서 여행을 직업으로 하는 인터뷰이들은 모두 여행자이기도 하다는 점이다. 그들은 단지 여행을 일로 삼은 탓에 관광객을 상대하거나 결과물을 만들어내게 되었을 뿐, 스스로는 관광객으로 구분되지 않을 법한 방식으로 여행한다. 그들을 포함한 모든 인터뷰이들이 여행하는 방식은 제각각이다. 지금까지 이야기한 것이 이 책의 가장 큰 충돌이라면, 여행 방식이나 여행에 대한 견해 차이에 따른 크고 작은 충돌들도 곳곳에서 드러난다.

---

[*] 아즈마 히로키, 『관광객의 철학』, 안천 옮김, 리시올, 2020.

여행은 사람을 변화시키는가

유럽의 상류층이 자식들을 해외로 보내 견문을 넓히게 했던 '그랜드 투어'가 유행한 이래, 여행에는 그것을 통해 무엇인가를 배우게 된다는 신화가 덧씌워졌다. 많은 나라를 여행한 이들을 따라붙곤 하는 골치 아픈 질문 중 '어디가 제일 좋았는가'를 뒤이을 만한 것은 '그곳에서 무엇을 배웠는가'일 터다. 이런 질문이 무색하게도, 여행이 항상 사람을 변화시키지는 않는다. 세계관이 모조리 바뀔 정도의 변화를 겪는 사람도 있겠지만 그저 고정관념만을 굳히고 돌아오는 이들도 많다. 그리고 무엇인가를 배웠다고 착각하는 사람도 있다.

이 책의 인터뷰이 김중백은 인도에서 자신의 내면을 보게 된 뒤 삶이 송두리째 변했다. 여행이 자신을 변화시켰음을 알기 때문에 자녀들과도 여행을 계속하려고 한다. 여행을 좋아하지 않던 김수현 역시 기자로 일하는 동안 여행이 좋아졌고 세상을 대하는 방식 또한 바뀌었다고 말한다.

한편 김하림은 여행을 통해 무언가를 깨달았다는 이야기들이 도무지 못마땅하다. 여행이 무엇인지 규정하려 시도하고 여행이 대단한 일인 듯 말하는 분위기가 오히려 여행할 마음을 억누를 정도라는 것이다. 그는 여행에 커다란 의미를 부여하기보다는 일상의 정적인 상태에서 잠시 벗어난 예외적인 시간으로 여길 것을 권한다. 여행을 통해 무엇인가에 도전하고 변화를 추구하는 대신, 일상으로 복귀할 활력을 되찾는 수단 정도로만 생각해도 충분하다는 의미다. 그의 말을 되새겨보면 관광과 여행을 구분하여 관광객을 폄하하는 일 역시, 여행이 무언가를 배우게 한다는 신화에서 비롯되었다는 혐의가 있음을 짐작하게 된다.

여행이 경험과 지식의 양과 폭을 넓힌다는 것은 부정할 수 없는 사실이다. 하지만 생각이나 행동 방식까지 바꾸려면 여행자는 적지 않은 노력을 해야만 한다. 그 한 가지 방법은 경험을 수동적으로 소비하기보다는 관광객이 드문 곳에서 낯선 사람과 교류하며 새로운 경험을 창조하는 것이다. 만약 여전히 전통적인 여행을 꿈꾸는 사람이라면, 이 책의 인터뷰이들로부터 그 구체적인 실천의 모습을 찾을 수도 있겠다.

예컨대 조경국은 유라시아 대륙을 오토바이로 횡단하는 동안 수많은 러시아 라이더들을 만났다. 통념대로라면 거칠고 사나워야 할 러시아인들은 이방인인 조경국을 환대했다. 악천후와 장비 문제 등으로 극한의 상황에 몰려 있던 그에게 러시아인들의 손길은 신이 보낸 선물과도 같았다. 40세가 되어서야 본격적인 여행을 시작한 그는 무리한 여행을 통해 자신의 깜냥을 명확히 알게 되었다고 말한다. 그리고 조금이라도 젊을 때 여행을 떠나서 자신의 한계와 마주할 것을 권한다.

김미나는 낯선 세계의 음악을 공부하기 위해 중동으로 떠났고 태국의 히피 커뮤니티에서 열린 페스티벌에 참여하기도 했다. 여행을 하며 만난 사람들을 통해 삶의 방향을 설정하게 되었다. 제주도에서 포목 잡화점을 운영하는 김미나의 이야기는 어디에서 살건 자유로울 수 있다는 사실을 알려준다.

라틴 문화에 매료되어 중남미를 여행한 이다희 역시 스스로의 힘으로 새로운 경험을 개척해낸 이야기를 들려준다. 친구들에게 '고감각 추구자'라 불리는 그에게 여행은 새로운 경험을 좇는 일이기도 했다. 춤이라는 언어를 매개로 세계인들과 소통한 이다희는 살사와 여행이 스스로를 더 자신답게 살도록 해줬다고 말한다.

이들의 여행 이야기는 세분화된 취향을 세계라는 넓은 공간에서 누리는 방법을 보여주기도 한다. 꼭 무엇인가를 배우고 깨달으려는 의도가 아니더라도 세계를 대상으로 삼아 욕망하는 바를 충족한다면 여행은 더욱 즐거워질 수 있다. 그런 의미에서 관광과 여행의 구분은 이들에게 무의미하다.

떠남과 돌아옴, 그리고 머묾

여행은 일상으로부터의 일탈이며 노동의 맞은편에 선 예외적인 시간이라는 점에서 축제와 비슷하다고도 할 수 있다. 그래서 여행을 하는 동안만큼은 모두가 현재만을 즐기고 내일을 기약하지 않는다. 여행지에서 처음 만난 이들과 격식을 차리지 않고 어울리며, 정말로 내일이 없다는 듯 술을 마신다. 자신이 사는 곳에서의 온갖 관계에서 벗어나 더 자유롭게 행동하고, 충동을 억누르지 않은 채 욕망을 드러낸다. 그야말로 축제의 시간인 것이다.

　　이런 일시적인 축제의 시간을 만끽하는 사람들을 가장 많이 상대하는 이가 신애경이다. 그의 손님들은 한국을 관광하는 동안 현지인들의 현실과 고민을 생각할 필요가 없다. 그저 들뜬 마음으로 낯선 나라를 구경하면 그만일 뿐, 그 나라에 대해 어떠한 책임감도 느낄 필요가 없다. 이 말은 곧 그들이 어디까지나 이방인일 수밖에 없다는 뜻이기도 하며, 이 사실은 대부분의 여행자에게 해당된다. 그렇기 때문에 여행자는 낯선 눈으로 세상을 바라볼 수 있다. 신애경이 손님들의 '답이 정해지지 않은 질문들'에 답하기 위해 한국을 새로이 바라보게 된 과정은 우리가 사는 터전을 축제의 공간으로 만드는 한 방법을 보여준다.

　　하지만 떠남은 돌아옴을 전제로 한다. 여행을 떠나며 잠시 내려두었던 삶의 짐들을 자신의 터전으로 돌아와 다시 짊어질 수밖에 없는 것이다.

　　자기가 자기 자신이 아니기 때문에 다시 예전 상태로 돌아가야 하는 우리는 고인의 재산을 상속받는 사람처럼 과거의 자신을 물려받는다.[*]

　　장기 여행자였던 김지호의 이야기는 여행자의 숙명을

---

[*] 로버트 고든, 『인류학자처럼 여행하기』, 유지연 옮김, 펜타그램, 2014.

잘 보여준다. 가까운 나라 몇 군데를 '간단하게' 다녀오려던 그의 계획은 의도치 않게 몇 년 동안 전 세계를 여행하는 것으로 늘어났다. 가진 돈을 최대한 아끼며 축제의 시간을 늘리려고 했지만 취업이라는 벽이 그를 가로막았다. 결국 그는 삶의 인력에서 벗어나지 못하고 정착의 세계로 돌아온다.

이꽃송이는 카우치서핑과 히치하이킹이라는 방식을 택하여 여행 기간을 늘릴 수 있었고, 가난한 방식으로 여행한 덕에 현지인들의 삶에 더욱 깊숙이 들어가게 되었다. 그들의 생활 방식과 문화를 이해해가는 동안, 한국에서 당연하다고 생각했던 일들이 모두 당연하지만은 않다는 것도 알게 되었다. 하지만 여행을 마치고 돌아온 그는, 절대로 돈벌이 수단이 되지 않게 하겠다고 다짐했던 여행을 직업으로 삼을 수밖에 없었다.

여행자의 슬픈 숙명 또 하나는 어딘가에 익숙해질 무렵 그곳을 떠나야 한다는 사실이다. 이는 여행의 일회성, 그러니까 예외적 시간이라는 특성에서 비롯된다. 물론 여행자는 이미 둘러본 곳을 다시 찾아갈 수도 있다. 하지만 재방문까지의 간격 동안 여행지는 변화한다. 여행자 자신도 예전과 같을 수는 없다. 이방인으로서의 여행자는 여행지의 변화에 동참할 수 없지만 어느 장소에 머무는 시간이나 방문 횟수를 늘림으로써 그 변화의 과정을 잠시간 바라볼 수는 있다.

태국을 여러 차례 찾고 있는 김미나·김중백 부부의 이야기를 들어보자. 그들이 사랑하는 마을 빠이는 10년 사이에 크게 변했다. 그 변화가 슬프기도 했지만 자신들과 같은 여행자들이 그 공간을 변하게 했다는 것을 깨달은 뒤로는 더 이상 실망하지 않기로 했다.

김하림은 자신이 여행 자체를 계속할 사람이 아니라는 것을 느꼈다. 멕시코에 머물기로 마음먹은 그는 자신에게 닥친 난관을 헤치며 그곳에 머무는 시간을 늘려갔다. 멕시코에서 지낸 몇 년은 그가 낯선 세계에 적응하는 과정이기도 했다.

김대주가 제안하는 '머무는 여행'에도 귀를 기울여봄 직하다. 숱한 인기 예능 프로그램을 만들면서 그는 다양한 형태의 여행을 궁리했다. 그러는 동안 끊임없이 이동하는 여행도 물론 즐겁지만 머무는 것 역시 여행이 될 수 있음을 알아차렸다. 한 도시에 오래 머문다면 여행은 한층 여유로워질 것이며 자신이 머무는 장소에 대한 이해도 깊어지리라고 그는 이야기한다.

여행은 언제 시작되는가

화성의 표면처럼 황량하여 현실에 전혀 있을 법하지 않은 어딘가를 거듭 방문하곤 한다. 꿈 이야기다. 실제로 가보지 않은 곳이라 하더라도 꿈속에서 여러 차례 방문한 탓에 그 공간들은 내게 익숙한 느낌이다. 깨고 나면 '그곳에 또 다녀왔구나' 알아채게 되는 곳. 언젠가 가닿게 되리라 마음속 깊이 알고 있는 곳. 어쩌면 그곳은 본디부터 내 안에 있던 것일 수도 있지만 나도 모르는 새 내 머릿속에 새겨졌던 이미지들의 재구성일지도 모르겠다고 생각했다. 말하자면 그 이미지는 도서관의 600번대나 900번대 서가에서 우연히 발견한 멋진 사진일 수도, 미용실에서 본 잡지의 묘사일 수도, 다큐멘터리 영화에서 배경으로 스쳐 지나간 장소일 수도 있다.

여행은 우리가 비행기에 올라타기 전에 이미 시작되는지도 모른다. 자신도 모르는 사이에 꿈꾸고 있던, 그저 수면 아래에 있던 욕망이 어떤 추동에 의해 물 밖으로 모습을 드러내는 순간 우리는 여행을 결심한다. 그 과정에 일정 부분 영향을 미치는 것은 여행지를 매력적이고 멋진 장소로 보이게 함으로써 우리를 방 밖으로 나서도록 이끄는 이들일 테다.

김수현은 여행 잡지 기자로 일하며 쓴 숱한 기사들로 사람들이 여행을 꿈꾸게 했다. 자신이 그곳에 있었음을 증명하는 사진을 남기고 최상의 수식어를 동원해 자신의 여행을 돋보이게 만들려고만 하는 이들과 달리 여행기자들은 책임감을 가지고 여행지의 인문학적 맥락과 더 정확한 정보를 전달하려는 노력을 하고 있었다. 그에게 여행 잡지를 만드는 일은 곧 좋은 것을 권하고 싶은 마음이기도 했다. 하지만 여행을 욕망하도록 만드는 데에 작용하는 힘들이 존재함도 그의 이야기를 통해 확인할 수 있었다.

김대주의 이야기는 텔레비전 여행 프로그램이 현실적인 것으로 보이도록 하려는 제작진의 노력을 보여준다. 정보성이 강하지 않은 예능 프로그램이더라도 그것을 만들기 위해서는 충분한 자료 조사가 필요하다. 그러한 준비가 좋은 여행을 만들 수 있다는 사실을 그의 이야기는 일러준다. 여행을 보여주는 다양한 방식에 대한 제작진의 고민을 통해서 새로운 여행 방법에 대한 실마리를 찾을 수도 있겠다.

케이채는 좋은 사진이라는 목적에 도달하기 위한 수단으로서의 여행을 하고 있었다. 관광지에 대한 환상을 부여하는 것을 임무로 하는 여행 사진과 달리, 케이채는 자신만의 시각으로 여행지와 그곳에서 만나는 사람들을 새롭게 보여주는 사진을 찍고 있다. 정해진 길을 벗어나 낯선 곳을 헤매면서 어떤 공간을 재해석하는 그의 작업 방식은 우리가 여행을 자신의 것으로 만들 방법을 제시해준다. 동시에 자본에 의해 부추겨진 여행지에 대한 환상을 경계할 것도 넌지시 일러준다.

이 세 명을 포함해 여행을 직업으로 삼은 인터뷰이들은 코로나19의 영향을 특히 많이 받았다. 세계보건기구가 코로나19의 팬데믹을 선언하기 직전에 만났던 김하림은 게스트하우스를 양도하고 한국에 돌아와 유통회사 일을 하고 있다. 김대주는 해외에서 촬영하던 텔레비전 예능 시리즈를 만들지 못하고 있다. 김수현은 결국 여행업계를 떠나 IT업종으로 전직했다. 한국을 찾는 외국인의 발길이 끊긴 탓에 일이 없어진 스페인어 관광통역안내사 신애경은 현재 한국어 교육 콘텐츠를 만들어 SNS에 업로드하고 있다.

그들뿐 아니다. 이꽃송이는 적어도 몇 년은 여행을 떠나지 못할 것이고 여행 인솔자로서의 일도 없을 것이라 생각하여 제주도에 판포하숙이라는 게스트하우스를 차렸다. 이다희는 더 행복할 수 있는 공간을 찾아보기 위해 워킹 홀리데이를 경험해보려고 준비했지만 아직 떠나지 못하고 있다. 외국의 거리 사진을 주로 찍던 케이채는 서울의 여러 표정을 담은 사진집을 준비하고 있다.

김수현의 이야기처럼 코로나19 이후 여행의 모습은 적지 않게 변화할 것이다. 하지만 여행의 미래는 마냥 비관적이지만은 않다. 코로나19로 불가능해진 여행의 빈자리를 채우고 있는 간접 여행들에는 온갖 감각이 동원된 총체적 경험이 결여되었기 때문이다. 과격한 스포츠로서의 여행이든 구경하는 스포츠로서의 관광이든 간에 사람들은 냄새를 맡고 감촉을 느끼며 지구의 낯선 곳을 둘러보고 싶어 한다. 그리고 지금 그 욕구는 터지기 직전이다.

코로나19의 급속한 확산은 지구가 얼마나 작은지 일깨우는 동시에 각 나라의 경계선을 강화해 거리감을 느끼게 만들었다. 돌이켜보면 국가 간의 경계가 강화될 조짐은 코로나19 이전부터 있었다. 미국 우선주의를 내세운 트럼프가 당선되었을 때, 영국이 EU를 탈퇴했을 때, 한국 내에서 난민 혐오 발언들이 기승을 부릴 때 그러한 조짐을 느낄 수 있었다. 코로나19는 다만 그 흐름을 가속했을 뿐이다. 지금이야말로 세계를 생각해야 할 때다. 그리고 분자로서 지구상을 누비며 국경을 흐릿하게 만드는 여행을 꿈꿔야 할 시기다.

다시, 길 위에서

여행의 이상적인 모습이란 누구에게나 다를 수밖에 없다. 이 책에 소개된 것은 그 모습들 중 일부일 뿐이다. 열 명의 인터뷰이들 사이에서 일어나는 충돌뿐만 아니라, 이 책을 읽는 여러분이 생각하는 여행의 모습과의 충돌도 발견하게 되길 바란다. 그리고 언젠가 다시금 마음껏 여행할 수 있는 날이 온다면 여러분도 자신만의 여행을 하기를, 그리하여 자신만의 확고한 세계를 만들 수 있기를 기대한다.

책을 함께 만든 김태형 소장님과 미래물산 김지명 실장님께 감사의 말씀을 드린다. 실력 좋은 편집자·디자이너와 함께 작업한다는 것이 얼마나 큰 행운인지 잘 알기에 이 감사는 공치사에 그치지 않는다. 거간꾼 역할을 마다않은 임경섭에게도 인사를 빠뜨릴 수 없겠다. 인터뷰이 섭외를 도와준 최종인 님, 촬영 장소를 제공한 다이너재키·하바나 바의 사장님께도 감사한 마음을 전한다. 내가 나동그라져 있을 때마다 덜미를 잡아 일으켜주는 친구 전성이에게도 특별한 인사를 전하고 싶다.

원고를 쓰는 사이, 나의 아버지는 발을 크게 내디뎌 우주의 시간에 몸을 맡겼다. 아버지는 늘 세상을 궁금해하는 사람이었다. 양 끝점에서 시계추의 움직임은 정인가 동인가. 뒷산의 바위에 새겨진 지층은 어쩌다 기울어졌는가. 어리둥절한 눈으로 그런 것들을 오래 생각하곤 했다. 당신이 낯선 마

음으로 세계를 바라봤던 것은 우리가 여행자로서 세상에 잠시 존재할 뿐임을 알았기 때문일 것이다.

우주의 어딘가에는 사랑하는 이에게 가닿지 못한 말들이 떠돌고 있을지도 모른다는 생각을 종종 한다. 한없이 긴 우주의 시간 어디쯤에서는 결국 그 말들과 대상이 서로 만나게 될 것이다. 그때 벌어질 축제의 시간을 향하는 것 또한 여행이겠다. 그래서 나는 그 축제의 시간을 향해 계속 걷고자 한다. 그 길 위에서 언젠가 만나게 될 여러분의 여행도 내내 아름다운 모습이라면 좋겠다.

2021년 여름
김준연

차례

김하림, 게스트하우스 주인의 마음

와하카는 멕시코 남부의 도시로, 남쪽으로부터 육로로 여행한 사람이라면 문화의 향기가 그리워질 때쯤 구원처럼 나타나는 곳이다. 여기에는 산토 도밍고 성당을 비롯한 식민지 시기의 건물들이 남아 있고, 몬테알반과 같은 고대 문명의 유적이 있다. 곳곳에 자리 잡은 박물관과 극장이 문화를 향한 갈증을 해소해주는 데다 메스칼이라는 이름난 술과 혀에 감기는 음식들도 여행자의 몸과 마음을 너그럽게 만든다. 멕시코 전체 평균에 비해 토착민 비율이 높은 덕에 와하카에는 전통문화도 강하게 남아 있다. 그러한 문화를 가장 잘 느낄 수 있는 시기는 매년 11월 1, 2일의 '망자의 날(Día de Muertos)' 축제 기간이다.

이날이 되면 멕시코 전역에 각 지역의 특색을 반영한 해골 모양 조형물이 들어서고, 가정에는 초와 빵, 꽃 등으로 제단이 마련된다. 현대에는 망자의 날 의례가 핼러윈 데이와 결합하여 축제 성격이 두드러지게 되었다. 망자의 날을 배경으로 한 디즈니 애니메이션 영화 〈코코〉를 떠올려보면, 이 축제의 모습이나 분위기를 어렵지 않게 짐작할 수 있다. 한인 게스트하우스가 가장 바쁜 시기도 망자의 날을 전후해서다. 멕시코 전역을 여행하던 한국인 여행자들이 와하카에서 벌어지는 축제를 즐기려고 모여들기 때문이다.

이 도시를 처음 여행한 것은 2017년 연말 무렵이었다. 한인 게스트하우스 '디씨엠브레'의 주인은, 운영자로서 고되었을 망자의 날 기간을 보내고 여행을 떠나 있었다. 그 대신 매니저라 불리는 지인이 숙소를 지키고 있었다. 그때 매니저와 나눈 이야기 중 하나가 오랫동안 기억에 남았다. "주인 언니는 오래 묵던 손님이 떠날 때 울기도 한대요. 돈을 안 받을 테니 더 있으라면서요." 사람을 떠나보내는 일이 서툰 이들이 있다. 관계의 사라짐을 유독 두려워하고 이별에 커다란 상실감을 느끼는 사람들. 한국이 아닌 곳에서라면 그 마음은 더 커지는 것일까. 그 마음이 궁금했다.

인터뷰를 위해 다시 찾은 게스트하우스는 이름과 위치가 바뀌어 있었다. 주말에 열릴 루차 리브레(Lucha libre, 스페인어권에서 프로레슬링을 이르는 말. 멕시코에서는 주로 복면을 쓰고 한다) 경기를 알리는 포스터가 나붙은 길모퉁이를 돌자 '비바 와하까'가 있었다. 그곳에서 인터뷰이 김하림을 만났다.

생산적인 여행을 결심하다

김하림은 디씨엠브레의 세 번째 주인이었다. 인터뷰하려고 했던 두 번째 주인으로부터 게스트하우스를 인수하고, 1년이 지나 자리를 옮기면서 그 이름을 '비바 와하까'로 바꿨다. 그는 끊임없이 새로운 사람이 찾아들고 정든 사람을 떠나보내야만 하는 일에 대해 이렇게 이야기한다.

"저는 사람을 떠나보내는 데에 감정을 많이 소모하는 편이 아니에요. 그래서 지난 3년 동안 게스트하우스를 운영할 수 있었는지

김하림,

도 모르고요. 제게 게스트하우스를 넘겨준 언니는 그렇지 않았던 모양이었어요. 제가 이번에 투어 인솔로 자리를 비웠을 때 게스트하우스를 잠시 맡아준 매니저 언니도 그렇고요. 제가 없는 동안 사람을 떠나보내는 일이 정말 힘들었다고 하더라고요. 아마도 시간을 함께 보내며 생긴 추억 때문에 아쉬움이 남아서가 아닐까요? 호스트는 여행자가 아니니까, 손님과 함께 떠날 수도 없는 게 보통이겠고요. 그런데 저는 손님이 떠났다고 해서 다시 못 본다는 느낌은 안 들어요. 언젠가는 또 보겠지, 하는 생각 덕분에 조금 더 수월하게 보내는 편이에요."

김하림의 대답은 뜻밖에 씩씩했으며, 기대했던 내용이 아니었다. 그래서 부끄러웠다. 나는 타인의 고통을 엿보러 여기에 왔던가. 마치 경기에서 진 프로레슬러가 오래도록 경기장 바닥에 쓰러져 있는 모습을 구경하려는 짓궂은 관중 같은 눈빛은 아니었던가. 루차 리브레의 나라 멕시코에 살고 있는 그와 대화를 이어나갔다.

고등학교를 졸업한 김하림은 대학교에 진학하지 않았다. 여행을 다녀오고 나서도 대학교에 가고 싶다는 생각이 든다면, 그때 재수를 하자고 생각했다. 스무 살에 여행한 터키와 그리스에서, 12년 동안 학교에서 배웠던 영어가 입 밖으로 나오지 않는다는 것을 발견했다. '대한민국 교육의 실패작'이 있다면 바로 자신일 것 같았다. 그는 대학에 가지 않겠다고 마음을 굳혔지만 영어 공부만은 해야겠다고 느꼈다. 여행을 마치고 돌아오자마자 9개월 동안 하루에 열두 시간씩 공장에서 일했다. 그렇게 모은 2,000만 원을 가지고 지중해의 섬나라 몰타로 어학연수를 떠났다.

그는 몰타에서 보낸 6개월이 자기 삶의 '화양연화'였다고 평가한다. 말 그대로 인생에서 가장 아름답고 행복한 순간이었다. 그렇다고 시간을 허투루 보낸 것은 아니었다. 스스로 번 돈으로 떠난 탓에 독하게 공부했고, 영어 실력을 더 빨리 늘리려고 한국인을 만나지 않았다. 몰타에서 만난 외국인 친구들이 들려주는 삶의 모습은 한국과 달랐다. 한국 밖의 세계가 더 알고 싶어졌다. 어학연수를 마치고 한국에 돌아온 그는 7개월간 호스텔에서 일하며 돈을 더 모았다. 그리고 스물두 살 여름에 멕시코에서부터 세계여행을 시작했다.

세계로 향하며 그는 무엇 하나라도 남기는 '생산적인 여행'을 하겠다고 다짐했다. 남들이 돈을 쓰거나 경험을 소비하는 여행을 한다면 자신은 돈을 벌거나 경험을 쌓고 기술을 배우는 여행을 하겠다는 것이었다. 이 다짐을 지키기 위해 과테말라에서는 카페에서 일하며 커피 내리는 기술을 배웠고, 아르헨티나 호스텔에서는 매니저로서의 경험도 쌓았다. 콜롬비아에서는 그곳의 특산물로 한국에서 인기를 얻고 있던 모칠라백을 떼다 파는 일도 했다. 그렇게 경험과 기술을 쌓고 돈을 벌며 중남미를 여행했다. 1년이 지나자 그렇게 번 돈도 다 떨어져 잠시 한국에 돌아와 아르바이트를 했다.

모처럼 한국에서 만난 친구들은 모두 대학생이 되어 있

었다. 하나같이 김하림의 여행 이야기를 궁금해했다. 친구들에게 여행에 대해 이야기하던 그는 문득 공허함을 느꼈다. 자신에게는 잊지 못할 경험이었던 몇 년이 결국에는 술안주밖에 안 되는구나, 하는 생각이 들었다.

"친구들은 몇 년 뒤 대학 졸업장을 딸 거였고, 그들이 얻게 될 학문적인 지식과 경험과 경력은 저로서는 얻지 못할 것들임을 새삼 느꼈어요. 저는 이미 대학교에 진학하지 않기로 결정했으니 저들과 동등하게 설 수 있는 장점을 스스로 만들어야겠다는 생각도 들었고요. 여행으로 얻을 수 있는 경험은 물론 많아요. 하지만 그저 소비적인 방법으로만 여행한다면 제게 남는 것이 무엇일까 고민했습니다. 그래서 더욱 생산적인 여행을 결심하게 된 거였어요."

이러한 화두를 안고 그는 다시 호주로 떠났다. 이번에는 워킹 홀리데이였다. 제법 괜찮은 일자리를 구해, 주당 1,000달러 정도씩을 벌 수 있었다. 생활도 안정적이고 좋았다. 그는 자신이 안고 온 화두를 꺼내 들었다. 여행도 어느 정도 했고 해외에서 일도 해봤다. 2년을 예정하고 온 호주에서의 시간이 지난 뒤에는 어떻게 살아야 할까. 처음에는 호주에서 번 돈으로 세계여행을 더 할 계획이었다. 하지만 생각을 거듭할수록 자신은 여행을 계속할 사람은 아니라는 사실을 알게 되었다.

게스트하우스 주인의 마음

"여행은 사실 굉장히 소비적인 행위의 연속이에요. 돈과 시간을 쓰는 일이니까요. 여행을 계속하다 보면 같은 것을 보더라도 여행을 처음 시작한 사람과는 반응이 달라지죠. 여기는 전에 갔던 곳과 비슷하네, 하는 식으로요. 그런 느낌은 우리가 경험할 수 있는 것의 총량을 단기간에 써버려서 생기는지도 몰라요. 새로운 경험에 시큰둥해지는 것은 여행이 주는 가장 큰 장점을 잃는 일이겠고요. 그리고 무엇보다도, 저 자신은 여행할 때보다 일할 때 더 즐겁고 행복했어요. 돈을 벌어서만이 아니라, 무언가 생산적인 일을 하는 행위 자체를 좋아했던 거죠."

그는 다시 고등학교 3학년이 된 것처럼, 어떻게 살아야 할지 고민했다. 그때 마침 와하카에서 연락이 왔다. 멕시코를 여행할 때 묵었던 디씨엠브레로부터였다.

게스트하우스 운영은 사람을 만나는 일

언젠가 멕시코에 다시 가야겠다고, 하지만 여행은 아니었으면 좋겠다고 생각하던 김하림에게 디씨엠브레 인수 제안은 좋은 기회로 다가왔다. 스물네 살이 된 그는 "아무것도 하지 않으면 아무 일도 일어나지 않는다"는 생각으로 새로운 일을 시작해보기로 했다. 10개월 만에 워킹 홀리데이를 마치고, 그동안 벌어둔 돈을 인수금과 정착 비용 삼아 멕시코로 향했다.

다시 찾은 디씨엠브레는 손님으로 묵었던 2년 전과 달랐다. 그때는 보이지 않던 것들이 보이기 시작했다. 무엇보다도 건물의 상태가 좋지 않았다. 마치 문제를 해결해주길 기다리던 것처럼, 김하림의 소유가 된 게스트하우스의 시설 여기저기가 삐걱대고 있었다. 처음 시작하는 이의 의욕을 넘어설 정도로 문제는 심각했다. 그러나 적어도 1년은 해보자는 오기로 문제를 해결해나갔다.

게스트하우스를 찾는 손님들이 그에게 힘이 돼주었다. 스물네 살이던 김하림에게는 대부분 언니 오빠인 손님들이었다. 아침에 문제가 터져도 그날 밤이면 손님들과 어울려 놀며 위로받을 수 있었다. 게다가 예상치 못한 문제를 제외한다면 김하림은 이미 게스트하우스 일에 익숙한 사람이었다. 한국과 아르헨티나에서 쌓은 경험 덕분이었다. 호주에서 하우스키퍼로 일하며 배운 기술도 한몫했다. 여러 곳에서 일하는 동안 김하림은 게스트하우스를 꾸리려면 하루 일과를 어떻게 구성해야 하는지, 어떻게 해야 청소와 정리를 더 빨리 끝낼 수 있는지 배웠던 것이다. 가장 유용한 기술은 손님을 응대하는 방법이었다.

"게스트하우스 운영은 곧 사람을 만나는 일이에요. 손님이 게스트하우스에 처음 들어왔을 때 어떻게 대해야 편안함을 느낄지부터 고려해야 하죠. 여행자로서 지냈던 시간이 도움이 됐어요. 한국에서 멕시코까지 찾아온 손님에게 무엇이 필요할지 잘 알고

게스트하우스 주인의 마음

김하림,

있었으니까요. 예를 들면 이런 것들이에요. 저희 게스트하우스 손님들은 대개 밤 버스를 타고 옵니다. 정말 피곤하고 정신없는 상태인 거죠. 숙박료는 편할 때 주셔도 되니 일단 쉬라고 말씀드려요. 저희가 아침을 준비하는 도중에 도착했다면 식사도 함께 하고요. 몇 명분의 음식을 더 준비하는 데 드는 시간은 대단치 않지만, 손님이 숙소에 대해 갖게 되는 이미지는 정말 달라질 거예요."

디씨엠브레를 인수해서 운영한 1년의 시간은 게스트하우스를 운영할 만한 사람인지 아닌지를 스스로 점검하는 과정이었다. 그는 이 시간이 "차려진 밥상에 숟가락 얹어서, 입맛에 맞나 아닌가를 본 것"과도 같았다고 비유했다. 그런데 난데없이 밥상이 뒤엎어졌다. 온갖 문제를 해결하고 숙소 운영과 멕시코에 적응해갈 무렵이었다. 타지에 살던 가족이 들어오게 되었으니 퇴거해달라고 집주인이 통보한 것이었다.

게스트하우스를 운영하려면 방과 화장실, 공용 공간과 주방 등을 모두 갖춘 집을 찾아야 했다. 그리고 그 도시의 랜드마크와 멀리 떨어지지 않은 곳, 동시에 임대료가 부담되지 않는 곳이어야 했다. 서너 달 동안 와하카 곳곳을 살폈지만 마땅한 곳이 없었다. 멕시코를 떠나야 하나, 절망감까지 들었다. 그러다 혹시나 하고 처음 찾아간 거리에서 지금의 비바 와하까 건물을 발견했다. 위치는 물론 가격도 마음에 쏙 들었다.

자리를 옮기면서 게스트하우스의 이름도 바꿨다. 디씨

게스트하우스 주인의 마음

엠브레의 세 번째 운영자였던 그로서는 이전의 평가를 안고 가는 것이 못마땅하던 참이었다. 이사하면서 굳이 예전 이름을 가져갈 필요도 없었고, 새 이름으로 잘할 수 있으리라는 확신도 있었다. 그 자신감은 디씨엠브레를 운영하면서 얻은 1년 동안의 경험에서 비롯된 것이었다. 많은 사람의 도움을 받아 이사했다. 장기 숙박 손님들이 팔을 걷고 나섰고, 멕시코시티에서 교환학생으로 지내던 친구도 와하카로 찾아왔다. 한국처럼 포장 이사가 있는 것도 아니어서, 인부들은 짐만 나르고 여성 일곱 명이 이삿짐을 모두 포장하고 정리했다. 고되었지만 마지막 고생이라는 마음으로 기쁘게 일했다. 손님들의 도움이 없었다면 힘들었을 일이었다. 그래서 김하림에게 모든 손님들은 특별하다. 6개월이나 1년씩 게스트하우스에 묵은 손님도 있는데, 오래 지냈을수록, 함께 나눈 것이 많을수록 그의 기억에 더욱 남는다. 가끔은 좋은 사람들이 한꺼번에 모여들 때도 있었다.

"한번은 망자의 날 축제가 끝나고 손님들이 플라야 델 카르멘이라는 휴양지로 넘어갔어요. 제가 정말 좋아하던 손님들이라서 그들을 따라나서 1주일쯤 함께 여행했습니다. 또 한번은 제가 푸에르토 에스콘디도로 서핑을 가면서, 게스트하우스에 묵었던 좋은 사람들을 불러 모은 적도 있고요. 멕시코의 다른 도시는 물론이고 중남미 다른 나라에서 비행기를 타고 넘어온 사람도 있었죠. '돈도 필요 없다, 나는 당신들과 노는 게 먼저다' 하는 느낌으로 놀았던 일들이 가장 기억에 남아요.(웃음)"

그가 자리를 비울 때마다 게스트하우스를 봐주는 매니
저도, 손님으로 묵었던 사람이다. 와하카의 매력에 발이 묶여
있다가 중남미를 여행하고 다시 돌아와서 지낸 것이 인연이
되어 김하림의 일을 돕고 있다. 손님들과는 즐거운 기억만을
만들었다.

비바 투어의 탄생

문제는 게스트하우스의 벌이가 좋지 않다는 사실이었다. 디
씨엠브레를 정비할 때나 비바 와하까를 운영하면서 호주에서
벌어두었던 돈을 거의 다 썼다. 좋은 사람들을 만나서 하는
경험은 값을 매길 수 없었지만 삶을 위해서는 벌이가 필요했
다. 호주에서 그랬던 것처럼 김하림은 그간의 경험을 객관적
으로 돌이켜봤다. 여행을 오래 했고 멕시코에 살고 있으며 영
어와 스페인어도 할 수 있다. 그렇다면 직접 여행 상품을 만
들어보면 어떨까 하는 생각에 이르렀다.
　　유럽이나 남미에는 자유여행 상품이 많았다. 그런데 중
미에는 여행자가 스스로 여행하도록 하되 인솔자가 숙박이나
교통 정도만 해결해주는 상품이 없었다. 마침 텔레비전 드라
마나 예능 프로그램을 통해 쿠바가 새로이 주목받고 있었다.

김하림은 직접 여행 상품을 만들어보기로 했다. 게스트하우스에 그래픽 디자이너 출신의 손님이 묵고 있어서 도움을 받았다. 비바 와하까를 거쳐간 여행자들에게 쿠바와 멕시코를 여행했던 소감을 담은 영상도 받았다. 그리고 SNS를 통해 홍보를 시작했다. '이게 정말 될까' 싶었지만, 사람들이 모였다. 한국인들이 많이 여행하는 여름방학과 겨울방학 기간에는 팀을 꾸려 쿠바와 멕시코를 여행하고, 비수기에는 쉬는 기분으로 게스트하우스를 운영했다. 중남미 여행에 베테랑인 그가 직접 인솔하는 '비바 투어'가 그렇게 탄생했다. 여행 인솔자로서 김하림의 멕시코 사랑은 대단했다.

"여행자 입장에서 봤을 때, 멕시코에는 모든 게 다 있어요. 지역마다 기후가 다른 만큼 문화와 음식도 다양하죠. 북부에는 고산지대와 사막이 있고 중부에는 도시들이 있어요. 남부에는 문화유적들이 있고 유카탄반도에는 천혜의 자연이 있죠. 한 나라를 여행하면서도 다양한 것을 경험하게 돼요. 게다가 저가 항공사도 서너 개 되고 도시와 도시를 잇는 버스 노선도 잘 갖춰진 나라입니다. 음식도 타코를 비롯해서 한국인의 입맛에 잘 맞는 것들이 많아요. 그러니 여행자로서는 다시 찾을 수밖에 없는 곳이죠. 저만 해도 멕시코는 꼭 다시 가보고 싶은 나라였으니까요."

그곳에 사는 사람이 된 뒤에도 멕시코는 사랑스러운 곳이었다. 당장 옆집, 앞집의 이웃이 친절했다. 짧은 시간 동안

김하림,

이야기를 나누더라도 그를 '아미가(Amiga, 스페인어로 친구를 이르는 여성형 명사)'라 부르는 멕시코인들에게서 이방인을 품는 너그러운 마음을 느낄 수 있었다. 특히 와하카는 1,500미터대의 고도에 있어 같은 위도의 저지대보다 덜 덥다는 점이 매력적이었다. 그래서 김하림은 한국인들의 멕시코에 대한 편견이 안타깝다. 영화나 드라마를 보면 멕시코인은 마약상으로 그려지기 일쑤였다. 물론 마약 거래상인 나르코스가 존재하긴 하지만, 여행자들이 그들을 만날 일은 거의 없다고 그는 말한다. 중국인에 대한 도시 전설이 한국에 떠도는 것처럼, 멕시코인은 곧 마약상이라는 거짓 이미지를 매스컴이 만들어냈다는 것이다.

물론 모든 것이 좋지만은 않았다. 당장 이사할 때가 그랬다. 한국에서는 전화 한 통이면 해결될 인터넷이나 전기 연결이 쉽지 않았다. 인터넷은 열흘 뒤, 전기는 사흘 뒤에나 연결된다고 했다. 한국인으로서 불편함이 느껴지는 것은 어쩔 수 없었다. 그러나 김하림은 한국과 멕시코를 비교하는 일을 경계한다. 한국의 잘 정비된 시스템을 기준 삼아 다른 나라의 시스템이 '잘못되었다'고 말할 수는 없다는 것이다.

"한국이 좋다고 해서 다른 나라를 나쁘다고 생각하면 곤란해요. 한국만큼 서비스나 공무 처리가 빠른 나라는 드물죠. 한국 밖으로 나와 몇 년쯤 살다 보니 가끔은 한국이 다른 행성처럼 느껴지기도 해요. 시스템이 정말 잘 갖춰진 나라니까요. 그래서 저는 그

게스트하우스 주인의 마음

저, 오랜만에 한국에 갈 때마다 '역시 한국이 좋아' 하고 만족하는 선에서 그치는 편이에요."

멕시코의 느린 서비스를 벌충하는 것은 멕시코 '사람들'이었다. 하루는 손님들과 카페에 다녀와서 보니 파이프에서 물이 쏟아지고 있었다. 누군가 수도 계량기를 훔쳐 간 것이었다. 늦은 시간이라 수리공을 부르기 힘들었을뿐더러, 부르더라도 언제 올지 가늠할 수 없었다. 소식을 듣자마자 동네 사람들이 모여들었다. 그리고 서로 손을 모아 물이 새지 않도록 수습해줬다.

죽음을 삶의 일부로서 축하하는 망자의 날

서두에 언급한 것처럼 애니메이션 〈코코〉는 망자의 날을 배경으로 한다. 축제의 첫째 날인 11월 1일 이른 아침에 멕시코의 어린이들은 죽은 이의 역할을 하며 마을을 돌아다닌다. 사람들은 제단에 두었던 사탕과 과자 등을 아이들에게 나누어준다. 이는 산 자들과 죽은 이들의 교류를 의미한다. 해 질 무렵이 되면 마을 사람들은 음악을 연주하는 악대를 따라 촛불을 들고 묘지로 향한다. 영혼들을 불러 모으는 것이다. 사람들은 영혼을 모시고 집으로 돌아가 준비한 음식을 바친다. 밤이 찾아오면 온 마을 사람들이 이웃을 방문해 '자신의 해골'

을 달라고 요구하며 다시 사탕과 과자를 나눈다. 그리고 가면을 쓰거나 페이스페인팅을 한 젊은이들은 노래를 부르고 춤을 추며 밤을 지새운다. 김하림의 게스트하우스에 묵는 여행자들은 바로 이 밤의 축제에 참여하게 된다.

"망자의 날에는 분장을 하고 광장으로 나가서 미친 듯이 놀아요. 그날의 와하카는 마치 크리스마스의 명동 같은 분위기죠. 악기를 연주하는 친구들이 거리 곳곳에 있어서, 그 친구들을 따라 퍼레이드하듯 걷습니다. 누군가가 가방이나 안주머니에서 메스칼을 꺼내면 함께 마시고요. 그렇게 놀다 보니, 망자의 날 시즌에 다녀간 손님들이 항상 기억에 많이 남아요."

망자의 날에 사람들의 얼굴을 가리는 분장과 가면은 〈코코〉의 미겔이 그랬듯 죽은 이의 모습을 모사하고 죽은 이들의 세계에 녹아들기 위한 것이다. 그와 동시에 죽은 선조들과 인사하기 위한 것이기도 하다. 이날 멕시코인들은 삶을 경축하고 장차 다가올 삶의 상실을 받아들인다. 죽음을 두려워하는 대신 삶의 일부로서 축하하는 것이다. 멕시코의 시인 옥타비오 파스는 현대의 사람들이 마치 죽음이 존재하지 않는 것처럼 행동한다고 지적한다. 그러나 죽음은 어떤 통과 지점이 아니고 "그 무엇도 채울 수 없을 만큼 큰 입을 벌린 채" 우리와 밀접하게 연결되어 있다고 말한다.

해골 모양의 사탕, 고급 종이로 만든 두개골, 해골 형상으로 꾸며진 불꽃놀이 등 우리가 만들어내는 이미지는 항상 우리의 삶을 조롱하고, 인간 존재의 무의미함과 보잘것없음을 강조하는 것이다. 우리는 집을 해골바가지로 치장하고, 죽은 자의 날에 해골 모양의 빵을 먹고, 노래를 흥얼거리며, 죽음에 대한 재담과 희롱을 즐긴다. 그러나 이처럼 요란하게 죽음과의 친밀함을 과시하더라도 죽음이란 무엇일까 하는 의문을 잠재우지는 못한다.[*]

축제가 끝나면 모두가 가면을 벗고 죽음의 세계로부터 현실로 돌아온다. 그리고 거실과 부엌을 채울 정도로 붐비던 게스트하우스가 한산해진다. 축제의 종언과 함께 서로 어깨를 겯었던 이들은 헤어진다. 관계의 소멸은 죽음과도 같다. 헤어진 연인을 아무리 그리워해봐야 돌아오지 않는 것처럼, 두 번 다시 우리가 '우리'일 수 없게 되는 것. 하지만 절망할 필요는 없다. 김하림은 관계의 소멸을 되돌리는 방법을 알고 있었다.

"4월 무렵이면 한국에 가요. 그때마다 저는 파티를 엽니다. 비바와하까에 묵었던 손님들을 불러 모으는 거죠. 파티에는 50명 안팎이 모입니다. 오랜만에 손님들을 다시 만나면 반갑고 즐거워

---

[*] 옥타비오 파스, 『멕시코의 세 얼굴』, 황의승·조명원 옮김, 세창미디어, 2020.

요. 멕시코에서의 기억도 새록새록 나고요. 멕시코에서도 와하카, 그중에서도 저희 게스트하우스에 묵었다는 공통점만으로도 모두들 친구가 되죠. 저는 떠나는 손님들에게 늘 '다시 만나게 될 테니 조심히 여행하라'는 인사를 합니다. 정말로 다시 만날 수 있다는 걸 아니까요. 비교적 가뿐한 마음으로 작별할 수 있는 이유죠."

마치 멕시코인들이 죽은 이들의 영혼을 불러 인사를 나누듯, 그는 한국에서 또 다른 망자의 날을 만들고 있었다. 죽음이 삶의 대극으로서가 아니라 그 일부로 존재하는 것처럼, 관계의 소멸은 이미 관계 안에 내포되어 있다. 그리고 관계의 소멸을 비가역적인 것으로만 받아들이지 않을 방법도 있었다. 그것은 어쩌면 멕시코에서의 삶이 그에게 건넨 지혜일지도 모른다.

외국에서 산다는 것

멕시코에서 사는 일을 그는 '퀘스트(게임에서 이용자가 수행해야 하는 임무)를 깨가는 느낌'이라고 말한다. 한국과 전혀 다른 문화 속에 살면서 여러 문제에 부딪혔다. 시스템뿐 아니라 사람들의 생각과 사상도 달랐다. 일례로 늦은 시간까지 소란을 피우는 일을 아무렇지 않게 생각하는 것이 그러했다. 처음에는 충격적이거나 짜증스럽기도 했지만, 점차 익숙해졌다. 태어나고 자란 곳이 다르므로 사고의 방식이 서로 다른 것은 어쩔수 없었다. 멕시코에 점차 스며들면서 어느샌가 그들처럼 행동하는 자신을 발견할 때면 하나의 퀘스트를 깼다는 느낌이 들었다.

하지만 아무리 퀘스트를 깨도 그가 혼자라는 사실은 어쩔 수가 없었다. 게스트하우스를 운영하려면 사람들을 항상 만나야 함에도, 그리고 혼자 있고 싶을 때에도 항상 누군가와 같이 있어야만 함에도, 외로움은 무시로 그를 찾아들었다.

"가족이나 오래 함께했던 친구들이 곁에 없다는 게 가장 큰 이유인 듯해요. 물론 여행자를 만나는 일은 굉장히 즐겁습니다. 처음 만난 사람과도 이해관계에 얽히지 않은 채 삶을 이야기할 수 있어서 편하기도 하고요. 하지만 그런 나날이 반복되면 공허한 느낌이 듭니다. 손님들은 늘 제게 '하림 씨는 어떻게 여기까지 오게 되었어요?'라고 물어요. 그 앞에는 '이런 질문 굉장히 많이 들었겠지만,' 하는 말이 붙죠. 많은 사람을 만나서 반복된 질문을 듣고 반복된 대답을 하는데, 결국 제가 할 수 있는 말은 굉장히 한정적이더라고요. 그 이상의 이야기를 나누고 싶을 때 특히 가족이나 친구가 그리워지곤 해요."

김하림은 자신이 외로움을 덜 타는 편이라고 이야기한다. 멕시코에 살고 있는 한국인들 중에는 이 나라가 좋아서

　　　　　　　　　　　　　　게스트하우스 주인의 마음

온 이도 있었고 그저 한국이 아닌 나라에 살고 싶어서 온 이도 있었다. 김하림은 그들이 힘들어하는 모습을 지켜봐왔다. 삶이 뜻대로 흘러가지 않는다는 게 힘듦의 이유였다.

"어떤 분들의 경우, '나는 한국에서 이만큼 벌었는데 여기서는 왜 이것밖에 못 하지?' 하는 생각으로 자꾸 뒤를 돌아보는 것 같았어요. 내려놓은 것은 내려놓은 거니까, 더 이상 자기 것이 아니라고 생각합니다. 지금 이방인으로서의 자신이 현실을 어떻게 일구어가느냐가 중요하죠. 그런 분들께는 '한국보다 힘든 것은 당연하니까, 조금 더 버텨보라'는 말을 건네고 싶어요."

김하림은 이제 멕시코에서 더 오래 '버티기' 위해 또 다른 일을 구상하고 있다. 게스트하우스를 운영하는 방식을 바꿔보려는 것이다. 처음 와하카에 왔을 때부터 그는 게스트하우스 일을 오래 할 계획이 아니었다. 투어 상품 개발과 유통 일을 하려는 더 큰 계획이 있다. 마침 좋은 기회가 찾아왔다. 와하카에 진출하려는 한국 회사와 함께 일하게 된 것이다. 지금은 와하카에 상주하는 직원 격으로 일하고 있지만 언젠가는 자신의 사업을 하려고 한다. 메스칼 브랜드를 만들어 한국에 유통하는 일. 지금은 업무를 진행하기 위해 사람들과 접촉하는 방법, 컨테이너 하나를 채우기 위해 필요한 물품의 양 같은 것들을 어깨너머로 배우고 있다. 이 일에 집중하려고 이제는 게스트하우스의 운영 주체를 바꿀 생각도 한다.

"게스트하우스 일이 별것 없는 듯해도, 하루 종일 거기에 묶여 있어야 해요. 이제는 숙소 자체를 임대해줄까 구상하고 있습니다. 외국에서 게스트하우스를 운영해보고 싶은 분들에게 기회를 주는 거죠. 게스트하우스를 시작하려고 집을 알아보고 가구를 들이는 등의 번거로운 과정을 건너뛰고, 운영의 경험을 곧장 얻는 것이죠. 제게 당장 필요한 건 돈보다는 시간이에요. 하고 싶은 일이 많으니까요."

게스트하우스를 시작하고 처음의 몇 년 동안에는 그곳에서 만나는 사람들을 통해 얻는 것들이 많다고 느꼈다. 하지만 자신이 계획하는 일을 하기에는 게스트하우스 일에 들여야 할 공이 너무 컸다. 게스트하우스에서 더 많은 사람을 만나는 쪽과 자신이 해보지 못한 일을 새로 배우는 쪽 사이에서 그는 후자를 택했다. 새로운 여행이 시작되려는 순간이었다.

'그냥 여행'을 하세요

김하림에게 있어 여행은 '남들의 말처럼 대단한 것'은 아니다. 여행에 자부심을 가진 이들의 이야기나 여행이 무엇인지 규정하려는 말들, 여행을 통해서 무언가를 찾았다는 그럴싸해 보이지만 텅 빈 말들이 늘 못마땅했다("한국에서 따뜻한 집밥 먹으면서도 못 찾는 자아를 여행에서 찾겠다고요?"). 그는 '그냥 여행'을 하라고 권한다.

"저는 그저 하고 싶었던 것이 여행이라서 떠났어요. 대단한 걸 이루고자 하는 마음은 없었죠. 운이 좋아서 지금까지 온 거고요. 여행이 급격하게 각광받고, 그전에는 가지 않던 곳들까지 사람들이 찾게 된 것은 긍정적이라고 봐요. 하지만 여행을 정의하려는 말들이 많아지고 여행이 무척 대단한 일이라고 여겨지는 것이 아쉽습니다. 떠나려던 사람도 부담스러워질 정도니까요. 그래서 저는 '여행이 무엇이다'라는 생각을 안 해요. 그 대신 '그냥 여행'을 하면 어떨까요? 결국 그렇게 먹고 싶은 것 다 먹고 하고 싶은 것 다 했던 행복한 기억이 있다면, 우리는 다시 살아갈 수 있다고 생각합니다."

그에게는 지금 일하는 것 자체가 여행이다. 어디론가 떠나지 않더라도 배낭을 멘 사람들이 찾아온다. 그들과 함께 있는 시간은 김하림이 여행할 때 게스트하우스에서 사람들을 만나 보내던 시간과 다르지 않다. 비바 투어를 통해 모인 사람들과 떠나는 일도 '복 받았다'고 생각될 만큼 즐겁고 잘 맞는다. 게다가 유통이라는 새로운 세계에 발을 들이려는 설렘은 또 어떠한가.

우리가 등대지기의 삶을 상상할 때 그러는 것처럼, 나는 김하림을 만나기 전에 그의 삶을 제멋대로 재단하여 낭만적인 서사를 부여했다. 그 과정에는 누구에게나 이별은 슬프리

김하림,

라는 전제가 깔려 있었을 것이다. 하지만 누군가를 떠나보내는 일의 슬픔은 이별을 받아들이는 이의 마음가짐에 따라 달라질 수도 있음을 김하림의 이야기는 일깨운다. 멕시코인들은 헤어진 누군가와 어떤 형태로든 다시 만날 수 있다는 믿음을 가지고 망자의 날을 축제로서 즐기고 있었다. 그러한 믿음을 가질 수 있다면, 상실은 마냥 슬픈 것으로 우리의 반대편에 있지만은 않을 것이다.

게스트하우스 주인의 마음

김미나·김중백,
대안적 삶을 찾는 여행자의 마음

백패커스 파라다이스로 가는 흙길을 지구 곳곳에서 온 여행자들이 걷고 있었다. 불빛이 만든 반구의 그러데이션 중심쯤에서 이따금 들려오는 환호성이 여행자들의 마음을 들뜨게 했다. 불빛을 향해 달려드는 나방들처럼, 여행자들의 발걸음은 점점 빨라졌다. 사람들의 어깨 너머로 함부로 움직이는 횃불들이 보이기 시작했다. 입을 헤벌리고 무대를 바라보는 이들의 눈동자에 빛이 일렁였다. 불 쇼였다.

여행자들이 만든 커다란 원에는 빠이의 중심가에서 파는 조악한 멕시칸 파카를 입은 이들이 드문드문 껴 있었다. 치렁치렁한 옷차림으로 얼치기 히피 모양새를 한 이들도 있었다. 불 쇼가 끝난 뒤에도 여행자들의 흥분은 가라앉지 않았다. 공연자들과 구경꾼들이 서로 손을 잡고 커다란 띠를 만들었다. 모두가 하늘을 바라봤다. 구름이 달을 부드럽게 훑고 지나갔다. 조금 기운 달을 바라보며 여행자들은 상상할 수 있는 가장 동양적인 소리를 길고 나지막하게 게워냈다. "옴—."

태국 북부의 작은 마을 빠이를 방문한 것은 히피 커뮤니티 '문빌리지'의 흔적을 찾아서였다. 표석은 임도(林道)에서 조금 떨어진 곳에 놓여 있었다. 인도의 코끼리 신 가네샤 상 앞에 향로가 놓였고 그 아래에 나무로 만든 현판이 있는 형태였다. 길 바깥쪽을 향한 데다 잡초로 가려져 마치 세상으로부터 등을 돌린 듯했다. 표석을 지나자 흙으로 지은 집이 보였다. 타케우치가 그곳을 홀로 지키고 있었다. 인터뷰이 김미나의 사진을 한참 동안 들여다본 타케우치가 입을 열었다. "아, 기억났어요. 그녀는 퍼커

선 연주자였죠. 같이 연주를 한 적이 있어요. 2007년이었고요."

중동에서의 음악 수련

2007년, 문빌리지에서는 49일간의 캠핑 페스티벌이 열렸다. 모여든 사람 중에 김미나가 있었다. 타케우치의 말 그대로, 김미나는 드럼을 전공한 타악기 연주자다. 서른 살이 되어 떠난 여행지에서 그곳의 민속음악 공연을 처음으로 보았다. 그 경험은 그의 세계관과 음악관을 모두 바꿔놓았다.

처음에는 인도 음악에 관심이 갔다. 그런데 인도의 전통 음악은 어렸을 때부터 현지인으로서 배우지 않으면 안 되는 것이었다. 무엇보다 종교적인 면이 강했다. 그래서 눈을 돌린 곳이 중동이었다. 중동에는 다르부카(Darbuka)나 다프(Daf)처럼 다양한 크기와 형태의 타악기들이 있었다. 이집트와 터키, 이란에 이 악기들을 배우러 찾아갔다.

악기 연주법을 배우는 것이 목표였으므로 목적지에 도착하면 선생님부터 찾아 나서곤 했다. 오래 머물 숙소도 필요했다. 미리 정한 것 없이 찾아간 이집트에서는 선생님을 찾지 못하고 악기상에서 동영상을 찍어가며 연주를 공부했다. 말도 통하지 않았을뿐더러, 체계적으로 정리된 책도 없이 구음으로 연주법이 전수되고 있었다. 두 달 반 정도 머물며 공부했지만 부족함을 느꼈다. 그래서 옮겨 간 곳이 터키였다. 터키에서는 이스탄불에서 오래 지냈다. 유럽과 아시아의 문화가 만나는 곳이라서 매력적이었다. 전생에 무슬림이었나, 하는 생각이 들 정도로 그곳의 음악에 빠져들었다. 예배 시각을 알리는 아잔 소리만 들어도 좋았다. 이곳에서는 다행스럽게도 선생님을 소개받았다. 연주는 정말 잘하지만 음표는 못 그리는 사람이었다. 함께 악보를 만들면서 공부했다.

이슬람 국가더라도 종파에 따라 느낌이 달랐다. 이슬람교는 크게 수니파와 시아파로 나뉜다. 정통파란 의미의 수니파가 80% 이상을 차지하고, 분리파란 의미의 시아파가 그 나머지의 대부분을 차지한다. 무함마드에게는 아들이 없었으므로 그의 사후 후계 문제를 둘러싼 대립으로 수니파와 시아파가 분리되었다. 그가 머물던 터키는 수니파가 대다수였고 이란은 시아파가 대다수였다.

특히 분리파의 나라 이란은 적응하기 힘들었다. 무엇보다 여성이기 때문에 눈을 제외한 온몸을 가리고 다녀야 했던 것이 그랬다. 음악은 무척 아름다웠지만, 그것을 가르치고 배우는 곳에는 남성밖에 없었다. 갖은 노력 끝에 찾은 선생님은 서로의 살갗이 닿는 것을 피하려고, 소매로 자신의 손을 감싸고서 김미나의 손을 잡아 연주법을 가르쳤다. 한국에 돌아와서는 원디시티에서도 활동한 백정현, 모로코 출신의 오마르와 함께 수리수리마하수리라는 밴드를 결성해 활동했다. 김미나는 중동에서 배운 다르부카를 연주했고, 앨범 타이틀은 '지구음악'이었다. '아랍의 향기와 인도의 색깔, 아프리카의

대안적 삶을 찾는 여행자의 마음

몸짓' 등 다양한 지역의 정서와 소리를 품은, 지구적 감수성을 표현한 앨범이었다.

이집트나 터키, 이란에서 지내는 동안에 현지인들과 교류의 폭이 넓지 않았다. 음악 공부만을 목적으로 떠난 데다, 여성으로서 혼자 여행하는 것이 제약이 된다고 느꼈다.

"아랍권을 여행하는 동아시아인 여성은 어떤 '대상'이 되기 쉽다고 느꼈어요. 여럿이 다녔던 것도 아니어서 더 그랬고요. 조금 경직된 기분으로 지냈죠. 동아시아인 여성은 대체로 작고 약해 보이는 데다 위축되어 보이기도 해서 신경을 곤두세우지 않으면 위험한 일을 겪기도 해요. 그런데 태국에서는 그렇지 않았어요."

태국은 음악적으로 관심이 끌리는 나라는 아니었지만, 싼 비행기표를 사느라 그곳에 들를 때마다 마음이 편안해졌다. 태국 안에서도 방콕처럼 사람이 많고 공기도 나쁜 대도시에는 매력을 느끼지 못했다. 하지만 치앙마이 북서쪽의 작은 마을 빠이는 달랐다. 전 세계에서 사람들이 모여드는 빠이에서는 여러 문화가 섞여 축제가 벌어지고 있었다. 작은 마을이라 해도 자연과 즐길거리를 모두 갖춘 곳이었다. 2006년에 처음 그곳을 찾았고 문빌리지에서 페스티벌이 열린 2007년에 다시 여행했다. 문빌리지에는 농사를 지어 자급자족하며, 전문적이지는 않더라도 음악을 즐기는 사람들이 모여 있었다. 히피들이었다.

무엇인가 나를 찾아왔다

2007년에 김미나가 방문했을 때는 문빌리지가 빠이의 중심
가에서 멀지 않은 곳에 있었다. 바로 그해 11월에 벼 베기를
마친 직후 문빌리지의 땅이 팔리고 말았다. 운 좋게도 지금
의 문빌리지가 위치한 땅의 주인이 자리를 내줬다. 옛 마을에
서 지금의 마을로 이사를 마치자 2009년이 되었다. 타케우치
가 지금 살고 있는 집도 그때 지어졌다. 하지만 히피들이 모
여 축제를 벌이던 육각 정자는 커뮤니티가 해체된 뒤 방치되
어 덩굴식물로 뒤덮이고 말았고, 지금의 문빌리지에 남은 사
람은 타케우치를 비롯한 몇뿐이었다.

타케우치는 시간이 모든 것을 바꾼다고 말했다("이것은
붓다의 중요한 가르침이기도 하죠."). 처음 문빌리지가 생겼을 때
는 친환경적인 히피 커뮤니티로 각광받아 많은 매체들이 주
목했다. 하지만 시간이 지날수록 친환경적인 삶이 태국에서
도 아주 새롭지만은 않은 것이 되어가면서 관심은 시들해졌
다. 태국의 정치 상황이 바뀌면서 환율이 올랐으며 비자 기간
에 대한 정책도 강화되었다. 커뮤니티에서 매일 열리던 파티
에 대한 태국 관료들의 단속도 점점 심해졌다. 그렇게 문빌리
지의 커뮤니티는 서서히 해체되었다.

타케우치는 미술 작업을 하며 문빌리지에 남았다. 인도
에서부터 해오던 영적인 작업(Divine art)이었다. 그는 인도에
서 30여 년 동안 살았다. 오쇼 라즈니쉬와 같은 영적 사상가

김미나 · 김중백,

가 살아 있을 때였다. 하지만 젊은 시절의 타케우치는 어떤 문파에 속하기 싫어서 이름난 사람들을 만나기를 거부했다. 인도의 영적 세계를 표현한 그림을 그리고 있는 그로서는 젊었을 때의 생각을 후회한다고 말한다. 영적 사상가의 영향 아래 있지 않던 그가 영적인 것에 다가가기 위해 '인공 낙원'을 만들기도 했는지 물었다.

"젊은이들은 마리화나를 하거나 다른 약물을 하며, 자신이 높은 곳(high, 약물에 의한 황홀경을 뜻하기도 함)으로 가게 되었다고 착각하곤 합니다. 하지만 그것은 진짜가 아니에요. 자연적인 수련을 통해 더 높은 곳으로 갈 수 있죠. 명상이 그 하나의 길이고요. 저는 이제 약물 없이도 높은 곳에 이를 수 있습니다. 그래서 약물에 관심이 없어요. 약물은 사람들을 너무 취하게 만들고 지나치게 행복하게 만듭니다. 영적인 것을 진지하게 공부하는 사람들은 수련의 힘을 알죠."

김미나와 결혼한 김중백 역시 영적인 것에서 영감을 얻은 그림을 그린다. 그는 어렸을 때 미국으로 이민하여 그곳에서 자랐다. 고등학생 때까지 열심히 "놀다가" 비교적 입학이 쉬운 미대에 진학했다. 학업은 끝내지는 못했지만 미술 작업은 계속했다. 그러다 서른 살이 되었을 무렵, 두어 달을 예정하여 인도에 갔다. 그는 도착하자마자 인도에 "꽂혔다". 6년 동안 거기에서 지낼 만큼.

딱히 하는 일 없이 한 곳씩 오래 머물며 여행했다. 여름에는 더우니까 북쪽으로 갔고 겨울에는 추우니까 남쪽으로 갔다. 돈이 떨어질 때쯤 되면 조개껍질로 목걸이를 만들어 팔았다. 전시회도 열었다. 한 지역에 오래 있다 보니 동네 사람들이 나서서 전시회를 도왔다. 세탁소에서 일하는 사람은 전시장에 천 거는 것을 돕고, 릭샤를 운전하는 사람은 작품 나르는 것을 돕고, 집주인은 꽃 장식을 도왔다.

지역마다 특징이 달라 어느 곳이 특히 좋다고 말할 수는 없었다. 게다가 인도라는 나라 자체가 여행자에게 온갖 일들을 겪게 하는 곳이어서 어딜 가건 다른 느낌이었다. 무엇보다 자유롭다는 느낌이 들었다. 물론 그는 미국에서나 지금 사는 제주도에서도 자유롭다고 느끼지만 인도에서는 특별히 마음이 가벼웠다. 마지막 해에 찾아간 타밀나두에서 무엇인가 그를 찾아왔다. '진짜 인도'를 찾은 느낌이었다. 타밀나두에는 아루나찰라라는 산이 있다. 라마나 마하리쉬라는 성자가 공부했다는 이 산 아래에는 영적인 것을 찾아온 사람들이 많았다.

김중백은 그전에도 인도에서 지내며 명상을 하고 요가를 했다. 그 산을 찾은 것은 영적인 것에 대한 관심이라기보다는 그저 그곳을 보고 싶어서였을 뿐이었다. 그런데 매일 맨발로 아루나찰라산을 오르는 동안 김중백은 자신의 인생이 급변했음을 느꼈다. 어느 순간인가 그 땅의 기운을 느끼고, 진리를 찾는 공부를 해야겠다는 결심을 하게 된 것이었다.

"말로 표현하긴 힘들지만, 그곳에서 제가 알고 있던 것과 생각했던 것들이 모두 뒤집어졌어요. 대학도 그만뒀고 국적이 미국이라 군대도 안 갔습니다. 그런데 제게는 인도가 대학이나 군대를 대신해준 것 같아요. 어떤 사람들은 영적인 체험을 위해 인도에 가기도 하지만 저는 그런 목적이 없었어요. 그런데 어느 사이엔가 저에게 무언가가 찾아왔습니다. 제 안으로 들어가서 저 자신을 바라보게 된 거죠."

이후 그의 미술 작업도 바뀌었다. 몰입의 상태와 명상이 작업으로 연결되면서 그동안 두서없었던 방향이 하나로 정리되었다. 그렇게 한국으로 돌아와 지리산에서 수행의 스승을 만났다. 청학동 근처의 묵계라는 곳이었다. 그곳에 자리를 잡고 계속 수행하려고 했지만 뜻대로 되지 않았다. "공부는 안 하고 연애를 하게 된 것"이었다. 이제 와서 생각해보면 출가를 하거나 혼자 지내면서 수행하는 것은 오히려 쉬운 길인 듯하다고 그는 말한다. 결혼을 하고 아이를 낳아 가정을 꾸리는 것도 수행이었다. 생활 속에서도 수행자의 마음을 갖는다면 공부가 된다고 김중백은 이야기한다. 여행과 결혼은 여러모로 그를 바꾸어놓았다.

대안적 삶을 찾는 여행자의 마음

제주에 정착하다

김중백은 김미나를 태국에서 처음 만났다. 그는 인도에서의 무비자 체류 허용 기간이 지나기 전에 태국을 잠시 여행하고 돌아가 체류 기간을 연장하곤 했다. 그렇게 간 태국에서, 김미나와 김중백을 모두 아는 친구를 통해 인사하게 되었다. 그 다음 해에 비자를 연장하러 간 태국에서 둘은 우연히 재회했다. 김중백은 1년에 한 번 정도, 잊어버릴 만할 때마다 김미나에게 이메일을 보냈다. 6년 동안. 그리고 마침내 둘은 지리산에서 다시 만났다. 김중백이 수행을 시작한 지 1년 만이었다. 김미나와 연애를 하게 된 김중백은 결국 '하산'을 결심한다.

김중백에게 미술 작업은 명상과 같았다. 그리고 작업은 몰입을 위한 수단이기도 했다. 하루에 길게는 열 몇 시간 몰입 상태의 작업이 이어지기도 했다. 그가 작업을 계속할 수 있도록, 김미나는 음악 활동을 접어두고 육아와 생계를 책임졌다. 그런 아내에게 김중백은 고마움을 느낀다. 그러나 경제활동을 전담한 김미나는 불만이 쌓일 수밖에 없었다. 그는 불만의 원인을 일과 남편에게서 찾았다. 그러다 첫째 아이인 지유와 함께 상담을 받고 진짜 원인을 찾게 되었다.

"제가 '이런 사람'과 결혼한 건 제가 추구하는 방식대로 살고 싶어서 스스로 선택한 거예요. 결혼도 제가 하자고 했거든요. '보통의 사람'과 결혼한다면 남들과 똑같이 살아갈 것 같았어요. 그게

싫어서 남편과 결혼했죠. 그런데 막상 결혼을 하니까 이 사람은 그대로인데, 제가 너무 걱정하며 스스로를 옭아매게 됐어요. (김중백: 아내가 괜히 저와 결혼해서 더 힘들게 됐죠.) 저도 인생을 즐기며 살았어야 했는데, 남편이 생계를 위한 활동을 하지 않을 거라고 지레 생각하면서 저 자신을 괴롭혔어요. 이제는 원인을 찾았으니까, 조금씩 저에게 여유를 주려 노력하고 있습니다."

결혼을 한 두 사람은 조금은 안정적인 것을 찾게 되었다. 그래서 찾은 곳이 제주도였다. 자유롭게 살다가 제주라는 낯선 땅에 정착해 마을 사람들과 어울리는 일이 쉽지만은 않았다고 한다. 겉모습부터 다르니 곱지 않은 시선을 보내는 사람도 있었다. 하지만 아이를 낳고부터는 시선이 달라졌다. 아이를 키우니 이곳에 더 오래 살겠지, 하는 생각을 마을 사람들이 하게 된 듯했다.

결혼하기 전에는 원하는 것을 찾아 어디로든 갔다면 이제는 생활 속에서 원하는 것을 찾게 되었다. 현실과 어느 정도 타협을 한 셈이다. 다행히도 제주도에는 김미나가 서울에 있을 때 함께 음악을 하며 어울렸던 이들과 그 주변의 친구들이 많이 이주해 있었다. 굳이 멀리 가지 않더라도 삶의 한 시기를 함께 보냈던 친구들을 만날 수 있었다. 김중백 역시 제주에서의 삶이 대체로 만족스럽다. 수행을 하던 지리산과 비교하자면, 제주는 환경도 좋은 데다 생계를 꾸리는 일도 가능했다.

대안적 삶을 찾는 여행자의 마음

김미나 · 김중백,

대안적 삶을 찾는 여행자의 마음

부부는 제주 월정리에서 '일루트립'이라는 이름의 포목 잡화점을 운영한다. 결혼하고 나서 함께 여행한 태국에서, 그전에는 보이지 않던 것들이 보였다. 나무로 만든 생활용품이나 바구니 같은 것들이었다. 좋아하는 것들을 사서 한국에서 팔면 되겠다는 생각이 들었다. 한국에서만 지내기엔 답답할 것 같았다. 무엇보다 부부는 계속 여행자로 살고 싶었다. 그러기 위해 어떤 일을 해야 할지 고민하던 것이 한순간에 풀렸다. 태국에서는 주로 천과 실, 바구니 들을 들여왔다. 다른 나라에 사는 한국 친구들로부터 물건을 공수해 오기도 했다. 그리고 김중백은 액세서리를 만들고, 김미나는 아이들이 입을 만한 옷을 만들어 잡화점의 구색을 갖췄다.

가끔은 마음 맞는 친구들과 오픈마켓을 열었다. 그냥 예쁘고 귀여운 기념품을 파는 마켓은 싫었다. 자연에 해가 되지 않는 것을 찾아 판매했다. 사고파는 일에서 끝내지 않고 무엇을 팔 것인지와 어떻게 쓸 것인지를 고민해야 환경에 덜 해로우리라 생각했다. 제대로 된 물건을 팔고 그것을 꼭 사용한다면 생활도 달라질 것이었다. 그래서 부부는 너무 많이 사려는 사람에게는 그러지 않을 것을 권하기도 한다. 김미나는 최근에 '다시 쓰는 마켓'을 열었다.

"예쁘다거나 갖고 싶다는 이유로 산 물건들이 모두 쓰이지는 않잖아요. 가장 좋은 것은 '아나바다(아껴 쓰고, 나눠 쓰고, 바꿔 쓰고, 다시 쓰고)'죠. 그런데 이런 걸 캠페인처럼 진행하면 반감을 갖기

쉬워요. 사람들에게 이런 생각이 자연스럽게 스밀 수 있도록 하자는 취지에서 다시 쓰는 마켓을 열었어요."

부스를 여는 이들을 '셀럽'이라 부르며 장소 제공 비용을 받는 서울의 마켓과 달리 제주도의 마켓은 상업적인 모습이 덜했다. 마켓이 열릴 장소를 제공한 사람의 마음부터가 달랐다. 카페의 앞마당에서 열렸는데, 그 카페의 주인은 환경 문제에 관심이 있었다. 파도에 떠밀려 온 쓰레기 중에는 커피를 담았던 1회용 플라스틱 컵도 있었다. 그 카페에서 판매한 것이 함부로 버려져 떠돌지도 모를 일이었다. 기꺼운 마음으로, 환경을 생각하는 마켓의 장소를 무료로 제공했다.

우리는 히피가 아닙니다

부부는 1년에 한 차례씩은 태국의 친구를 불러 요리 교실을 열기도 했다. 빠이에서 게스트하우스를 운영하는 피꼼이다. 피꼼은 방콕에서 태어났지만 도시 생활이 싫었다. 그래서 빠이가 각광받는 여행지가 되기 전부터 그곳으로 거처를 옮겨 좋아하는 일을 하며 살았다. 옷을 만드는 일이었다. 피꼼은 손수 옷을 만들다가 나이가 들자 태국의 고산족에게 기술을 전수했다. 일루트립에서는 피꼼과 고산족이 만든 실이나 옷들을 받아 판매하기도 한다. 피꼼의 삶은 어딘가 히피들과도 닮

대안적 삶을 찾는 여행자의 마음

아 있었다. 손수 지은 옷을 입고 정원을 가꾸는 피꼽의 여유가 좋아 보였다. 그 삶의 태도를 따르고 싶었다.

하지만 히피의 정신이나 삶의 태도를 따라가는 데에는 더 많은 용기가 필요했다. 무엇보다도 현실과 적잖이 타협하는 자기 모습에 김미나는 스스로가 히피가 아니라고 느꼈다. 김중백 역시 자신이 히피라고 생각해본 적이 없다고 말한다.

"제 마음 가는 대로 살았기 때문에 그런 생각조차 해본 적이 없어요. 한국에서 말하는 히피는 패션에 한정된 것 같기도 하고요. 사실 저는 히피를 설명할 때 이야기되곤 하는 자급자족이나 공동체에 반감이 조금 있어요. 어차피 이 땅을 밟고 있다면 시스템 안에 속해 있다고 생각해요. 예컨대 심하게 다치거나 큰 병에 걸리면 병원에 가지 않을 도리가 없죠. 저는 그들의 공동체가, 개인으로서 자립하지 못한 사람들이 서로 의지하며 함께 가려고 하다 보니 문제가 생긴다고 봐요. 그래서 우선은 한 사람으로서 자립하는 일이 중요하지 않을까 생각합니다."

문빌리지의 예에서 보았듯, 20세기의 미국에서도 히피 공동체는 도시로부터 멀찍이 떨어진 곳에 있는 경우가 많았다. 이러한 공동체들이 단명한 것은 소속원들이 그곳에 살기가 쉽지 않았다는 의미이기도 하다. 문제가 되었던 것 중 하나는 개인과 집단의 관계였다. 소속원들은 공동체 생활을 통해 어떤 형태의 사회건 피할 수 없는 불편이 있을 수밖에 없다는 사실을 깨달았다.

사실 타인들의 존재는 결과적으로 짐스러운 것이 된다. 공동체적인 고립 때문에 젊은이들은 그들끼리 긴밀한 관계를 유지해야 한다. 각자의 자유를 전적으로 존중할 수 없다는 점을 고려하면 마찰은 불가피하다. (…) 공동체들은 다양한 해결책을 도입하는데, 이를테면 자유를 제한한다는 이유로 모든 조직을 거부하는 대신, 불가피하게 갈등에 직면하는 면이 없지 않지만 무정부 상태보다는 낫다는 입장에서 규율을 재도입하는 곳도 있었다. 어쨌든 참가자들은 얼마 지나지 않아 부족 차원에서 사회계약을 재발견하게 되며, 그 지점에서 공동체는 가족과 사회 사이의 매개적인 구조로 해석될 수도 있다. 역설적이게도, 사회의 구속을 거부했던 사람들이 도리어 다른 사람의 존재를 인정하지 않을 수 없게 되고 스스로 만든 규율을 받아들이게 된 것이다.[*]

김미나가 재미있다고 생각하는 것은 사람들의 시선이다. "사람들은 제 남편 같은 사람을 히피라고 해요. 저한테도 '남편, 히피 같으신 분 맞으시죠?'라는 말이 항상 따라붙고요." 남편은 히피라 불리는 것을 거부하고 자신도 히피가 아니라고 하는데도, 겉모습만으로 그들을 판단하는 사람이 많

---

[*] 크리스티안 생 장 폴랭, 『히피와 반문화』, 성기완 옮김, 문학과지성사, 2015.

대안적 삶을 찾는 여행자의 마음

았다. 비단 한국의 일만은 아니었다. 김미나가 빠이에서 만난 사람들, 이를테면 일본에서 여섯 달 동안 일하고 나머지 여섯 달을 문빌리지에서 보내던 일본인들이나 자기 나라에서 살기 힘들어 도망치듯 온 서양인들, 그리고 단지 물가가 싸고 자유롭다는 이유로 그곳에 머무는 사람들 모두 주변의 시선에 의해 '히피'라는 단어로 묶였다.

히피들이 추구하던 바는 "turn on, tune in, drop out(켜라, 파장을 맞춰라, 빠져나와라)"이라는 표어로 요약할 수 있다. 앞에서 인용한 『히피와 반문화』의 역자 성기완은 이 표어가 의식의 해방, 성 해방, 노동으로부터의 해방을 의미한다고 말한다. 그리고 히피들은 이 목표를 성취하는 데에는 실패했지만, 그 시도는 "성소수자 옹호, 반전반핵, 일상혁명, 뉴에이지, 환경운동, 지속 가능성, 개발 제한, 무가지, 지구의 날, 심지어 나체 시위에 이르기까지" 수많은 해방의 아이디어들로 이어진다고 설명한다. 히피는 결코 겉모습만으로 구분할 수 있는 존재가 아니라는 의미다. 그리고 해방과 자유를 추구하는 면에서라면 부부의 삶은 그들의 정신과 이어져 있다.

아이들과 함께하는 여행

김미나가 자신이 정말로 히피가 아니라고 느낀 것은 첫째 지유가 두 돌이 되기 전에 빠이로 여행했을 때였다. 히피들이

대안적 삶을 찾는 여행자의 마음

갓난아이를 데리고 여행하는 것을 봐온 그는, 배낭여행을 하듯 짐을 꾸려 출발했다. 도착하자마자 아차, 싶었다. 아이는 모든 것에 민감했다. 혼자서는 더럽거나 불편해도 괜찮았던 모든 것들이, 아이와 함께하자 조심스러워졌다. 숙소도 깔끔한 곳을 찾아야 했고 밥도 좋은 것을 먹어야 했다. 아이들은 외국 음식이 입에 맞지 않아 매일 볶음밥만 먹었다. 부부는 아이들이 원하지 않는데 억지로 따라와서 힘든 것은 아닐까 걱정도 했다. 그런데 원해서 간 것도 아니고 맛있는 것도 없었지만, 아이들은 태국에 가고 싶다는 이야기를 자주 했다. 부모와 함께 있는 시간이 좋았던 눈치였다.

한국에서 일상을 보낼 때는 아이들은 어린이집에 가고 부부는 일이나 작업을 하느라 따로 지내는 시간이 많았다. 그런데 여행지에서는 온 가족이 더 많은 시간을 함께 보내고 대화하면서 서로를 알아가게 되었다. 아이들은 아이여서, 부부가 바라는 것과 달리 행동할 때가 많았다. 냉정한 마음을 유지하고 훈육하는 것이 옳겠으나 여행지에서의 피로는 김중백의 감정을 온전히 드러내게 했다. 그는 어른으로서 훈육하는 것이 아니라 아이와 싸우고 있는 자신을 발견했다. 아이에게 상처를 주고 나서 괴로워했다. 자책도 했지만 그런 일이 반복됐다. 하루는 여행지에서 김중백과 지유가 한방을 쓰게 됐다. 김중백은 지유에게 사과했다.

"제가 지유에게 '미안해, 네가 그렇게까지 잘못한 게 아닌데 아빠

가 바보 같아서 그런 거야' 하고 얘기했어요. 지유가 이렇게 대답하더군요. '괜찮아, 아빠. 내 마음이 알아. 아빠가 나를 사랑하는 걸 아니까 괜찮아.' 정말 뭉클했죠. '아빠, 바보를 없애는 방법을 알려줄까? 마음속에 있는 바보를 생각 안 하면 그 바보는 없어질 거야. 그러니까 그 바보를 자꾸 생각하지 마.' 여섯 살짜리가 어른인 제게 그런 얘기를 해주는데, 마음이 묘했습니다. 아이들과 여행하다 보면 이런 일들이 생겨요. 서로 이야기를 할 기회가 생기는 거죠."

부부는 아이들이 여행의 재미를 느끼도록 노력한다. 더 많이 함께 놀고 아이들이 좋아할 만한 곳을 찾았다. 부부는 계속 아이들과 함께 여행하고 싶다. 여행이 큰 공부가 된다는 사실을 자신들의 삶을 통해 깨달았기 때문이었다.

김미나는 처음 떠난 여행에서부터 삶의 철학이 바뀌었다고 말한다. 여행을 떠나기 전에 수습 직원으로 일하며 받은 월급은 60만 원이었다. 한 달 생계비로도 빠듯한 돈이었다. 그러면서도 그는 백화점에 놓인, 그가 가질 수 없는 것을 계속 열망하는 자신을 발견했다.

"처음 떠난 여행에서 현지인들이 사는 모습을 보고 생각이 많이 바뀌었어요. 그들은 백화점 같은 것 없이도 행복하게 살고 있더라고요. 환경에 대한 인식을 바꾼 것도 여행이었죠. 여행지에서 사람이 만들어낼 수 없는 자연을 만나면 참 좋았어요. 그것을 지키려면 인간이 만들어낸 것을 줄여야 했고요. 저절로 생각이 바뀌었습니다."

　　김중백 역시 여행을 하며 이런저런 생각을 많이 했다. 인도를 여행하는 동안에는 "언젠가 고향으로 돌아간다면 손톱에 낀 때만큼이라도 나은 인간이 되면 좋겠다"고 생각했다. 나쁜 일 하나만 안 해도 그만큼 나아지는 거라는 생각이 들었다. 히말라야에서 지낼 때는 저절로 쓰레기를 줍게 되었다. 꼭 환경을 걱정하는 마음 때문이 아니더라도, 쓰레기가 너무 도드라졌기 때문이었다. 그는 당장 길거리에 담배꽁초를 버리지 않기로 마음먹었고, 여전히 휴대용 재떨이를 들고 다닌다. 그런 식으로 조금씩 삶을 바꿔가고 있다. 이제 부부는 자신들에게 그랬던 것처럼, 여행이 지유와 나디의 삶을 새로운 곳으로 이끌 것이라고 믿고 있다.

모든 것은 변한다

부부는 이제 다시 중동이나 인도에 간다면 그 느낌이 다르리라고 생각한다. 그들이 여전히 여행하는 빠이만 해도 10여 년 전과는 많이 달라졌다. 다시 찾을 때마다 실망이 늘었다. 지금 살고 있는 월정리도 네댓 해 전과 달리 동네 전체가 공사판이 되었다. 결국 모두 변하고 마는구나, 싶었다. 사람들도 마찬가지였다. 예전에 태국을 여행할 때는 어디서든 그곳의 전통 의상인 피셔맨 바지를 입은 사람들을 볼 수 있었다. 지금은 피셔맨 바지에 비해 더 편하고 금방 마르는 코끼리 바지가 그 자리를 차지했다. 일종의 체험으로 입던 현지의 전통 의상이 그 나라의 이미지만을 담은 국적 불명의 상품으로 대체된 느낌이었다. 변화는 슬펐다. 하지만 지금은 생각이 달라졌다. 어떤 장소의 변화는 결국 자신들과 같은 사람 때문이었다.

"저희만 좋은 데 알고 오지 다니고 그런 게 아니잖아요. 알려지지 않았던 곳을 많은 이가 여행하고, 그곳을 좋아하게 되고, 그러다 보면 소문이 나죠. 결국 저희 같은 사람들 때문에 변화가 생기는 것을 모르고 변화에 실망만 하고 있었구나 하는 생각이 들었어요. 시대가 바뀌면서 사람들이나 장소의 모습이 바뀌는 건 당연한 일이에요. 그런데 저의 추억이나 생각들만 떠올리며 실망을 했던 것 같아요."

빠이나 월정리를 처음 찾은 사람들에게는 그 장소가 여전히 멋진 곳일지도 모른다. 하지만 예전부터 그 장소를 알던 사람들에게는 변화의 모습이 보이고 그 변화가 실망스러울 수도 있다. 하지만 공간은 항상 변화한다. 누군가 10년 전에 찾았던 장소를 다른 사람은 30년 전에 찾아갔을 수도 있다. 그 둘이 기억하는 장소의 인상은 다를 것이고, 변화의 폭도 다를 것이다.

김미나 · 김중백,

지금 부부는 제주에서의 삶이 좋다. 큰 욕심 없이 느슨하고 자유롭게 살 수 있어서다. 게다가 제주도만큼 좋은 곳이 없겠다는 생각도 든다. 제주도에는 그들이 좋아하는 '자연'이 아직 많이 남아 있으니까. 하지만 계속 사람들이 들어온다면 여기에서 못 살게 되지 않을까, 그리고 이런 일이 어디에 가건 반복되지 않을까 부부는 걱정했다. 그러나 이들이 내린 결론은 어디에 살고 있는지는 중요하지 않다는 것이었다.

우리의 진정한 본성은 자유다. 우리는 항상 자유로운데도 불구하고 스스로 구속되어 있다고 상상하면서 자유로워지기 위해 애쓰며 발버둥 치고 있다. 우리가 본래 자유롭다는 사실은 깨달은 다음에야 이해할 수 있을 것이다. 우리가 이미 도달해 있는 상태에 도달하기 위해서 미친 듯이 발버둥 쳤었다는 사실에 놀랄 것이다.[*]

타케우치의 말대로 시간이 모든 것을 바꾼다. 원하는 것을 찾아 어디로든 떠나던 여행자 둘은 결혼을 하고 아이를 낳으면서 자신들이 지금 지내고 있는 곳에 만족하는 사람으로 변화했다. 이 부부를 둘러싼 공간도 모습을 바꿔갔다. 그러나 변화 속에서도 자유를 찾아가는 방법이 있었다. 그 방법을 이 부부는 알고 있었다.

---

[*] 라마나 마하리쉬, 『나는 누구인가』, 이호준 옮김, 청하, 2005.

김대주, 여행 프로그램 작가의 마음

배낭을 지고 다니는 부류와 트렁크를 끌고 다니는 부류의 공통점이 있다면 여행지에서 필연적으로 걸어야 한다는 것이다. 멋을 내기 위한 여분의 신발을 트렁크에 담을 수 있는 사람이라도 배낭을 지고 다니는 이들이 단 한 켤레 챙길 법한, 걷기에 좋은 신발은 필수로 챙겨야만 한다. 특히 짐을 단출하게 꾸려야만 하는 이들에게는 단 한 켤레의 신발이야말로 취향을 드러내면서도 실용성을 갖춘 것이기 마련이다.

여행 프로그램 작가 김대주에게는 차코 샌들이 바로 그런 신발이다. 그의 발등은 차코 샌들 특유의 무늬를 남기고 그을려 있을 때가 잦았다. 철을 거슬러 더운 나라에 다녀왔을 때 특히 그 무늬는 도드라졌다. 나미비아와 짐바브웨에 다녀왔을 때가 그랬다. 곧 방송될 프로그램의 촬영을 다녀왔다는 그와, 한집에 살 적의 추억을 되새기며 여느 때처럼 술을 마시고 헤어졌다. 그리고 얼마 지나지 않아 〈꽃보다 청춘〉의 아프리카 편이 방영되었다. 다음 해에 또다시 발등에 무늬가 새겨졌을 때는 인도네시아에 다녀왔다고 했다. 발리에서도 한참을 더 들어가야 하는, 이름도 낯선 섬이었다. 역시 어떤 프로그램인지는 관심 밖인 채 술을 마셨다. 그리고 곧 〈윤식당〉의 첫 번째 시즌이 시작되었다.

그와 함께 살던 몇 년 동안 큰 갈등 없이 지냈던 이유를 돌이켜보면, '쿨함을 가장한 점잖음'을 유지했기 때문인 것도 같다. 대개는 각자의 시간을 보내다, 함께 하는 일이라면 비디오 대여점에서 철 지난 영화들을 빌려 보거나 필름 카메라를 들고 여행을 떠나는 정도였다. 서로 다른 동네에서 지내게 된 뒤에도 이

따금 만나 조금쯤 데면데면한 느낌으로 근황을 이야기하는 정도로, 서로의 일에 대해서는 좀처럼 이야기하거나 간섭하지 않았다. 적당한 거리를 지키면서 친구의 관계를 유지하는 그와 나의 방법이었다.

그러므로 이 책의 인터뷰이를 정하는 과정에서 그를 떠올리지 못한 것은 당연한 일이었다. 옛 편집자 동료와 기획에 대해 상의하다 김대주의 이야기가 나왔을 때에야, 그가 썩 괜찮은 인터뷰이가 될 수 있겠다는 생각이 들었다. 그리고 인터뷰이로 김대주를 만났다. 내 앞에 앉은 이는 전에 알던 그가 아니었다. 여행에 대해 이야기하는 방법, 말하자면 '대문자 여행'을 누구보다 깊이 고민하는 프로페셔널한 방송작가 김대주를 처음으로 마주했다.

〈1박2일〉의 막내 작가가 되다

김대주가 기억하는 최초의 여행은 대학교 1학년 겨울방학 때 여수에 다녀온 것이다. 풍물패도 아니면서 전수에 따라갔는데 처음으로 전라도에 간 김에 더 남쪽까지 가보고 싶어졌다. 풍물패의 친구들에게 말해두고, 혼자서 여수로 향했다. 작은 가방에 든 칫솔과 치약이 짐의 전부였다. 계획 없이 떠난 여행이어서 막상 도착하니 무얼 해야 할지 막막했다. 해돋이를 보기로 하고, 역 앞의 관광안내판에서 발견한 향일암으로 향했다. 짐작보다는 멀어서 도착하기도 전에 해가 떠버렸다.

"일출은 못 봤지만, 그때 본 바다는 정말 멋졌어요. 좁은 바위틈을 지나면서는 '이 좁은 틈을 지나려면 많은 짐을 들고는 갈 수 없겠구나' 하고 나름 선승 같은 생각도 했죠.(웃음) 어린 마음에 제 기분에 취해서, 언젠가는 여수에서 포장마차나 하며 지내고 싶다는 생각까지 했습니다. 어려서부터 여행을 좋아했던 건 아니지만, 그때 이후로 여행을 좀 해봐야겠다는 마음이 들었어요."

뒤늦게나마 여행을 좋아하게 되었다지만 그가 처음부터 여행 프로그램 작가로 일을 시작한 것은 아니었다. 김대주는 고등학생 때부터 방송작가가 되고 싶었다. 라디오 작가가 꿈이었다. 박소현이나 신해철, 김현철, 유희열 들이 진행하는 라디오 프로그램을 한창 들을 때였다. 그가 좋아하던 배우인 명세빈이 라디오 작가로 분한 드라마가 방송됐다. 새벽에 원고지를 앞에 두고 오프닝 멘트를 쓰는 모습이 멋져 보였다. 라디오 듣기를 좋아했으니 라디오 작가가 되면 좋겠다, 작가가 되려면 글을 잘 써야겠지, 그렇다면 국문과에 가야겠다, 지방은 지겨우니 서울로 가야지. 이런 생각의 흐름으로 서울에 있는 대학 국문과에 진학했다.

방송작가의 꿈이 다시 떠오른 것은 군대에서였다. 장래를 고민하던 시기였다. 제대 후 방송아카데미에서 강의를 들었다. 그리고 대학교의 전공 수업으로 개설된 '구성작가실기

론'도 수강했다. 졸업도 하기 전에 방송작가로 일하는 선배의 소개로 방송 일을 시작했다. 그가 바라던 라디오 작가였지만, EBS의 영어회화 프로그램을 맡았다.

> "제가 꿈꾸던 방송작가 일과는 달랐어요. 물론 계속했다면 동경하던 〈별이 빛나는 밤에〉 같은 프로그램을 맡았을지도 모르죠. 그런데 제 눈에 들어온 건 예능 프로그램이었어요. 뭔가 더 재미있는 것을 하고 싶어졌거든요. 그래서 MBC에서 방송되던 〈느낌표〉의 작가로 한동안 일했고, 그다음에는 KBS 〈1박2일〉의 막내 작가가 되었습니다. 지금 생각하면 운이 정말 좋았던 것 같아요. 거기에서 일도 배웠지만 사람을 비롯해서 많은 것을 얻었으니까요. 삶의 전환점이 된 프로그램이었습니다."

김대주가 〈1박2일〉 작가가 됐다'는 메시지를 보낸 것은 만우절이었다. 별 재미도 없는 농담이네, 생각했지만 그는 얼마 안 가 정말로 화면에 나오기 시작했다. 리얼 버라이어티 프로그램들이 막 시작되던 때였고, 〈무한도전〉이 인기를 얻어갈 무렵이었다. 전국을 누비는 여행 프로그램을 만드는 일은 고되다. 방송작가는 사전 답사와 현장 진행을 비롯해 할 일이 많았다. 힘든 프로인 만큼 〈1박2일〉에서는 "막 굴릴" 남성 작가를 찾았다. 그때만 해도 방송아카데미에서 함께 수업을 듣던 70명 중 남자가 세 명뿐이었다. 그의 말대로, 운이 좋게 〈1박2일〉 팀에 합류했다.

화면에 노출되는 예능작가

김대주가 참여하는 프로그램들은 주로 비일상의 영역이라 할 '여행'을 다룬다. 게다가 그 프로그램들이 비추는 모습은 어느 정도는 우연성에 내맡겨둠으로써 일견 실제 같다. 하지만 현실 그 자체는 아니다. 여행을 다루는 리얼 버라이어티 프로그램을 만드는 이들은 화면으로 보이는 것을 시청자들이 실제라고 느끼도록 하는 장치를 궁리한다. 그들이 고안한 장치 중 하나는 제작진이나 제작 과정을 노출하는 일이었다.

> "〈1박2일〉의 막내 작가로 화면에 나오게 되었습니다. 의도한 것은 아니었어요. 방송작가를 포함해서, 카메라 앞에 서는 데 익숙하지 않은 사람이라면 누구라도 떨립니다. 제가 긴장하는 모습이 선배들에게 재미있어 보였나 봐요. 그래서 출연자를 몇 팀으로 나누어 자유여행을 하는 내용의 회차에서, 프로그램에서 제일 중요한 강호동이라는 출연자와 막내 작가인 저를 붙여두었죠. 제게는 미리 알리지 않고요. 긴장하는 모습이 우습기도 하고 친근하기도 했는지, 저도 그 프로그램에서 캐릭터를 얻었습니다."

영화나 방송과 같은 영상물은 스크린 안쪽에서 벌어지는 이야기의 완결성을 유지하고 보는 이의 몰입도를 높이기 위해, 제작진을 화면에 노출하지 않는 것을 원칙으로 한다. '제4의 벽'이나 '180도 법칙'이라는 용어는 이를 위해 제작진을 기술적으로 감추고 시청자가 스토리에 집중하도록 하는 일을 뜻한다. 이는 곧 제작진이 마땅히 있어야 할 곳을 카메라 뒤쪽으로 한정하고, 시청자가 카메라를 자신의 눈과 동일시하는 관찰자의 위치에 자리하도록 만드는 것이다. 하지만 시청자들은 점점 영리해져갔다.

더 이상 제작진을 감추기 어려워졌을 때, 그리고 시청자들이 리얼리티 프로그램들도 제작된 허구이며 프로그램 안에서의 실제는 제한적이라는 것을 알고 있을 때, 이를 역으로 이용하여 제작진을 실제성을 표출하는 요소 중의 하나로 노출, 오락성을 강화한다. 제작진의 노출로 미디어로서의 텔레비전의 권위는 무너지지만, 이는 오락을 위한, 시청자의 신뢰를 얻기 위한 일시적인 것일 뿐이다. (…) 그런 의미에서 리얼리티 없는 리얼리티 프로그램에서는 리얼리티가 없다고 고백하는 것이 가장 리얼하고, 성찰적으로 긴요할 수 있다.[*]

〈1박2일〉의 작가로 일한 그는 최고의 리얼 버라이어티 프로그램 제작에 참여했다는 이력을 갖추게 되었다. 그리고 방송국 사람들은 이제 김대주를 리얼 버라이어티 작가로 인식하기 시작했다. 리얼 버라이어티라는 포맷이 인기를 얻고 프로그램의 수가 늘어나면서 김대주와 같은 경력을 갖춘 방

---

[*] 이헌율, 「한국 리얼리티 프로그램의 실제성 구현 연구」, 『한국방송학보』 29(6), 한국방송학회, 2015.

김대주,

송작가의 수요도 늘었다. 그때로부터 지금까지 리얼 버라이어티 프로그램의 작가로 일하면서 그는 자신만의 브랜드를 갖게 되었다. 텔레비전 화면에 종종 얼굴을 비치던 그를 기억하는 이들은 늘 섭외에 협조적이었다. 최고의 인기를 누리는 프로그램의 일원이었다는 사실은 방송가의 사람들에게도 긍정적인 인상을 남겼다. 〈1박2일〉의 작가로 일하면서 나영석 PD와 처음 만난 그는 신효정 PD나 이우정 작가, 최재영 작가 등의 선배들과도 계속 팀을 이루어 일하고 있다. 이른바 '나영석 사단'이 tvN으로 자리를 옮길 때도 함께였다.

여행 프로그램의 제작 과정

계획되지 않은 에피소드와 해프닝을 보여주는 것도 프로그램의 내용이 '현실적인 것'으로 여겨지도록 하는 데 한몫한다. 하지만 대본 없는 프로그램을 만드는 일은 쉽지 않다. 그가 tvN에서 제작에 참여한 '꽃보다' 시리즈가 그랬다. 그중 〈꽃보다 청춘〉은 배낭여행을 콘셉트로 삼았는데, 출연자들이 진짜 배낭여행처럼 자유롭게 여행하도록 하기 위해서는 방송되는 것보다 적어도 두세 배 많은 곳을 답사해야 했다.

"만약 A, B, C라는 세 가지 경로가 있다면 그중에 출연자가 어떤 루트로 가게 될지 모르죠. 그래서 가능한 많은 경우의 수를 상정

해서 체크해둬야 합니다. 여행 프로그램은 보통 현지 코디네이터를 두고 도움을 받아요. 답사 때도 코디네이터가 있긴 했죠. 하지만 저희가 크게 잘못하거나 위험에 빠지지 않는 이상, 저희가 답사하는 과정을 지켜보기만 합니다. 말하자면 답사팀을 〈꽃보다 청춘〉의 출연자라고 가정하는 거예요."

준비 과정에서 가장 큰 공력을 들이는 부분은 프로그램의 콘셉트에 맞는 여행지를 고르는 일이다. 사전 작업을 꼼꼼하게 해두어야 좋은 프로그램이 만들어진다. 그 나라에 대한 기본 지식은 물론 특정 지역에 관한 정보, 물가와 교통편, 음식 문화 등을 모두 조사해야 한다. 그렇게 몇 개의 나라를 선택하지만, 모두 가볼 수는 없었다("저희는 진짜로 여행을 하는 게 아니라 일을 하는 거니까요."). 가능한 많은 정보를 살펴본 뒤 신중하게 한 나라를 골라 사전 답사를 떠난다.

배낭여행자가 공항에 도착하면 가장 먼저 맞닥뜨리는 퀘스트는 숙소에 가는 일이다. 답사팀은 숙소에 가는 과정을 실제로 경험해본다. 그렇게 해봐야지만 숙소까지 가는 과정에서 어떤 에피소드가 나올지 짐작할 수 있다. 숙소에 도착하면 기획 과정에서 찾아봤던 정보들을 토대로 근처를 둘러본다. 블로거나 유튜버 들이 추천하는 식당에서 식사를 해보고, 대중교통을 이용해 유적지에 가보기도 한다. 지출하는 비용은 물 한 병 가격까지 꼼꼼하게 기록해둔다. 카메라로 현지의 분위기를 실제로 찍어보는 일도 중요하다. 화면에 담겼을 때

여행 프로그램 작가의 마음

어떤 느낌인지, 카메라를 발견했을 때 현지인들의 반응은 어떤지 살핀다.

"예전의 여행 프로그램들은 목적지를 곧장 보여줬어요. 숙소를 찾아가는 과정이나 짐을 푸는 모습, 숙소 근처에서의 첫 끼 같은 것은 생략하고요. 그런데 저희는 그 과정을 보여주고 싶었어요. 여행의 대부분을 차지하는 '과정'들이 빠지면 리얼리티가 별로 없다고 생각했으니까요. 그래서 답사팀은 그 과정들을 다 조사합니다. 그렇게 함으로써 어떤 과정들을 어떤 방식으로 보여주면 좋을지 알게 돼요."

그렇게 시뮬레이션을 하면서 '비용'과 '결승점'을 정한다. 이 시리즈에서 큰 틀이 되는 단 두 가지다. 턱없이 부족한 돈을 주면 여행을 할 수 없다. 그렇다고 너무 많이 주면 배낭여행의 느낌이 살지 않는다. 그리고 결승점을 정해야 출연자들의 루트를 어느 정도 짐작할 수 있다. 예컨대 라오스에서는 대부분의 한국인들이 그러듯 비엔티안으로 입국해서 루앙프라방으로 출국하도록 했다. 아프리카에서는 빅토리아 폭포를 보면서 여행을 마무리하면 그림이 괜찮겠다는 정도의 의도로 결승점을 정했다. 이 정도만 정해두고 그 안에서 출연자들의 결정에 따라 내용이 만들어진다.

방송을 만드는 사람들의 입장에서는 '출연자가 여기에 가준다면 좋겠다, 여기는 소개할 만하다' 싶은 곳들도 있었다.

예상 장소들에 대해서는 촬영 협조를 구해둔다. 공항은 당연히 촬영하게 될 테고, 관광 명소나 유적도 갑자기 찾아갈 수 있으므로 허락을 받아둔다. 하지만 출연자들은 제작진의 뜻대로 움직이지 않았다. 그렇다고 그들에게 요구할 수도 없는 노릇이었다. 어디까지나 그들의 여행이니까. 예기치 않은 상황들이 생길 수밖에 없었다. 제작진이 예상하고 준비한 루트에서 출연자가 벗어나면, 마련해둔 차량이나 숙소를 급작스레 변경해야 한다. 식당도 즉흥적으로 구하므로 출연자들이 결정하면 방송작가들은 서둘러 뛰어가 사정을 설명하고 촬영을 허락받는다. 말하자면 출연자가 원하는 여행을 할 수 있게 계속 그 뒤에서 일을 하는 것이다.

"처음 〈꽃보다 청춘〉 라오스 편의 답사를 할 때는 PD와 서로 감정이 상할 지경이 되기도 했어요. 여행 스타일이 다른 친구와 다투는 것과 똑같이요. 한 사람이 뚝뚝을 타지 않고 걷는 일이나 에어컨도 없는 숙소에서 자는 일도 마다하지 않는다면, 다른 사람은 더 편한 곳에서 묵고 깨끗한 음식을 먹고 싶어 하는 식이죠. 이런 차이 때문에 마찰이 있었던 거예요. 물론 밤에 술을 마시며 풀었죠.(웃음) 재밌게도 저희가 겪었던 그런 어려움들을 출연자들도 똑같이 겪었어요. 일부러 연기하도록 한 게 절대 아닌데도 말예요. 갑자기 낯선 곳에 갔는데 돈은 한정돼 있다면 누구라도 그런 일을 겪을 거예요."

답사를 떠나기 전에 모아둔 정보를 근거로 출연자들이 좋아할 법한 여행지나 식당을 먼저 방문해본다. 출연자들은 신기하게도 비슷한 경로를 따라가는 경우가 적지 않았다. 그들이 꼼꼼하게 조사해둔 것들이 프로그램이 되는 셈이었다. 답사는 힘든 동시에 즐거웠다. 일을 하면서 여행을 할 수 있었으니까. 본격적인 촬영이 시작되면 신경을 곤두세우고 출연자들의 여행을 만들어주는 데 몰두해야 한다면, 답사는 약간이나마 즐길 여지가 있었다.

"하루의 답사를 마치고 나서는 조사한 내용을 정리합니다. 자기 전의 짧은 시간 동안에는 각자 시간을 보내요. 저는 길거리를 걷기도 하고 어딘가 앉아서 사람들을 구경하기도 해요. 그러다 보면 '여기는 늦게까지 영업하네', '밤에 여기 앉아 있으면 정말 좋겠다' 같은 생각들이 들죠. 그때 느끼는 감정들이 프로그램에 도움이 돼요. 가장 좋아하는 시간은 아침에 답사팀이 늦게 모이기로 해서 짬이 날 때예요. 한적한 거리로 나서면 기분이 정말 좋습니다. 그런 감정들을 시청자와 나누려고 노력해요."

시대를 반영하되 앞서지는 않는다

'꽃보다' 시리즈가 결승점을 향해 끊임없이 이동하는 여행을 보여준다면 〈윤식당〉은 한곳에 머무는 것도 여행이 될 수 있음을 보여준다. 두 프로그램 사이에 〈삼시세끼〉가 있었다. 김대주는 〈삼시세끼〉를 "여행이라기보다는 잠시 외갓집이나 고향으로 떠나 있는 느낌의 프로그램"이라고 표현한다. 국내에서 시골의 정취와 여유로운 삶을 보여주면서도 예능의 재미를 주는 프로그램이라는 것이다. 때마침 해외를 여행하는 사람들 사이에서도 새로운 경향이 생겨나기 시작했다.

테레비전은 인간의 구성물이고, 이것이 행하는 작업은 인간의 선택과 문화적 결정과 사회적 압력의 결과이다. 테레비전은 그것이 놓여 있는 조건에 반응한다.[*]

테레비전 프로그램이라는 구체적 모습으로 만들어지기 이전의 문화는 아직 뚜렷한 형상을 갖추지 못한 추상적 수준의 문화일 뿐이다. 테레비전 프로그램은 이 문화에 구체적인 형태를 마련해주는 역할을 하며 그 과정에서 제작진들이 개입한다. 즉 테레비전은 이미 존재하고 있지만 아직 뚜렷한 형태를 갖추고 있지 못한 문화적 요소들에 형태를 부여하는 것이다. 그러면 시청자들이 그것을 보면서 문화를 자신의 것으로 내재화하게 된다.[**]

테레비전은 한 사회의 성원들이 공유하는(혹은 공유하고

---

[*] 존 피스크, 『TV 읽기』, 이익성 옮김, 현대미학사, 1994.

[**] 정준영, 『시청에서 비평으로, 텔레비전 보기』, 책세상, 2020.

있다고 여겨지는) 가치를 반영하려고 한다. 그러기 위해 텔레비전 프로그램을 만드는 이들은 누구보다 시류에 민감해야 한다. 김대주가 속한 제작팀이 발견해낸 경향은 '디지털 노마드'라는 삶의 방식이 주목받고 '한 달 살기'라는 여행 방식이 퍼져나가고 있다는 점이었다. 태국의 치앙마이나 인도네시아의 우붓 같은 곳에서 일을 하며 오래 머무는 방식의 여행을 하는 사람들의 이야기가 심심찮게 들려왔다.

> "그때쯤에, 머무는 여행을 하는 사람들에 대한 기사나 책들이 나오기 시작했어요. 그런 여행을 이야기해보고 싶다는 생각에서 나온 프로그램이 〈윤식당〉이었습니다. 그 전에 제작했던 〈삼시세끼〉의 장점을 살려 요리를 하면 좋을 것 같았어요. 그렇게 해외에서 한국 식당을 운영하는 프로그램이 만들어졌죠. 다행이랄까요, 저희가 생각하는 여행 스타일을 보여주려던 시기와 그걸 이미 시작한 사람들이 늘어나던 시기가 겹친 거예요. 시대의 흐름을 반영하려고 하되, 너무 앞서가려고 하지는 않습니다. 저희는 대중매체의 프로그램을 만들고 있으니까요. 다만 사람들이 요즘에 어떤 여행을 좋아하는지, 여행지에서 무엇을 중요하게 생각하는지 끊임없이 고민해요."

계속 이동하는 여행을 하면 한 도시에 며칠 이상 머물기가 쉽지 않다. 그런데 한 장소에 오래 머물면 여행은 더 여유로워진다. 현지의 친구나 단골 가게가 생긴다. 또한 지역에 대

한 이해를 바탕으로 그곳을 더 잘 즐길 수 있을 거라고 제작
팀은 생각했다. 그리고 그들의 생각은 틀리지 않았다.

세계에 대한 공정한 태도

〈윤식당〉이나 〈스페인 하숙〉 같은 프로그램은 답사 기간도
짧지 않을뿐더러 촬영도 길어서 오랫동안 한 마을에 머문다.
규모가 큰 마을에 가는 것도 아니어서 마을의 모두가 제작팀
의 존재를 알게 된다. 답사와 촬영이 진행되는 동안 어느 정
도의 친근감이 생길 수밖에 없다. 사람들의 자연스러운 모습
을 프로그램에 담기 위해 마을 곳곳에 카메라를 많이 설치한
다. 한번은 마을 사람 하나가 제작팀이 설치해둔 카메라를 들
고 급하게 찾아와서 말했다. "너희, 카메라를 아무 데나 두면
어떡해? 누가 훔쳐 가면 어쩌려고." 친근함이 만들어낸 에피
소드였다.

　　마을에서 구한 재료들로 한국 음식을 만들어 파는 프로
그램인 만큼 현지인들의 반응을 살펴야 했다. 그래서 촬영이
시작되기 전에 마을 사람들을 대접하기도 한다. 다양한 방식
으로 교류가 이루어졌다. 마을 사람들은 동네가 방송에 나가
면 유명해져서 더 많은 사람이 오리라는 걸 알았다. 기왕이면
마을을 예쁘게 보여주면 좋겠다고 생각했다. 그래서 촬영 진
행을 흔쾌히 돕는 이들이 많았다. 하지만 김대주는 한편으로

슬픈 기분이 들 때도 있었다.

"라오스를 답사하고 촬영하면서 그곳을 친구들과 다시 여행하고 싶어졌어요. 그런데 '방송에 나오면 사람들이 많아질 텐데' 하는 걱정도 동시에 들었습니다. 일과 개인적인 감정이 부딪친 거죠. 방송에 나와서 유명해지고 사람들이 많이 찾는다는 건 그만큼 저희 프로그램을 많은 분이 봤다는 뜻이잖아요. 고마워야 하는데 한편으로는 약간 슬프기도 해요."

〈꽃보다 할배〉의 대만이나 〈꽃보다 청춘〉의 라오스는 스페인이나 인도네시아에 비해 접근성이 좋아서 한국인 관광객이 실제로 급증했다. 방송의 파급력은 컸다. 그래서 만드는 이들도 조심스럽다고 김대주는 말한다. 여행 프로그램이 많아지면서 실제로는 괜찮은 여행지가 아님에도 '좋게 포장되어' 소개되는 경우도 있었다. 방송이 만든 이미지에 의해 어떤 장소가 소비되는 일도 물론 슬프지만, '좋게 포장한' 방송을 보고 어떤 장소를 찾아간 사람들이 실망하는 것은 더 미안한 일이라고 그는 생각한다. 이러한 일들에 대해 그가 내린 결론은 시간이 해결해준다는 것이었다. 방송으로 각광받게 된 곳이라도 시간이 지나면 결국 그곳을 진짜 좋아하는 사람들만 간다.

"저희는 협찬을 받아서 진행하는 여행은 거의 하지 않아요. 물론

여행 프로그램 작가의 마음

행정적인 협조를 구하려고 관광청에 연락을 하긴 하지만, 금전적인 협찬은 전혀 없습니다. 저희가 중점을 두고 보여주고 싶은 것은 여행을 좋아하는 사람들이 원하는 것들이에요. 홍보를 목적으로 한다면 프로그램의 방향이 흔들리니까, 그런 것들을 조심하지요."

조심해야 할 일은 그뿐만이 아니었다. 현지 사람들은 텔레비전 프로그램을 촬영하러 온 그들에게 돈이 많으리라고 생각하는 경우가 많았다. 그런 오해 때문에 소비에도 신경을 써야 했다. 외지에서 온 그들이 돈을 낭비한다면 이미지가 나빠질 수밖에 없었다. 다음번의 촬영에도 좋지 않은 영향을 끼친다. 그래서 김대주의 일행들은 가능한 검소하게 답사와 촬영을 진행한다.

그가 아프리카에서 겪은 일은 그들이 더 세심해져야 할 이유를 보여준다. 아프리카에서는 도시가 아니라면 슈퍼마켓이나 편의점을 찾기 어렵다. 그래서 답사를 할 때 패스트푸드를 싸서 다녔다. 여럿이 먹을 것을 한꺼번에 사다 보니 음식이 남곤 했다. 답사팀은 평소에 하듯 남은 것들을 버리려고 했다. 그런데 현지 코디네이터가 그 음식들을 모아 중간에 들른 작은 마을의 사람들에게 주는 것이었다.

"처음에는 우리가 먹다 남은 음식물 쓰레기를 현지 사람들에게 줘도 되나 싶었어요. 그런데 코디네이터가 그곳에는 아직도 제대로 된 음식을 먹기 어려운 사람들이 많다고 설명해주었어요. 먹다 남은 음식이더라도 끓이거나 튀기는 식으로 재가공해서 식량으로 쓸 수 있다는 이야기였죠. 충격을 받았습니다. 우리가 생각 없이 남긴 음식이 어디선가는 소중한 식량이 될 수 있어요. 그런데 우리는 그걸 쓰레기로 취급한 거예요. 음식물 쓰레기에 대한 생각이 많이 달라졌죠. 그 이후로 식당에서 음식을 먹다 남으면 포장하는 버릇이 생겼어요. 여행을 통해 얻은 좋은 습관이라고 생각합니다."

텔레비전 프로그램은 경제력이 낮은 나라의 이미지를 쉽게 소비하곤 한다. 하지만 역설적으로 김대주는 방송 프로그램을 만드는 동안 다른 세계를 바라보는 공정한 시선을 갖게 되었다. 사람들이 외국에 대해 갖는 막연한 편견에 대해서도 마찬가지였다. 그는 한국의 어딘가에는 위험한 구석이 있고 나쁜 사람도 있으며, 반대로 좋은 곳과 좋은 사람도 많은 것처럼 아프리카나 라오스, 남미 할 것 없이 어디든지 좋은 사람이 있고 그렇지 않은 사람이 있을 뿐이라고 말한다.

"여행 프로그램을 만들면서 만나는 현지인들을 보면 우리에 대한 편견이 없다는 걸 느껴요. 그래서 우리도 그 사람들에 대한 믿음을 가질 수 있다면 좋겠어요. 그렇게 된다면 더 많은 나라를 여행할 수 있고, 조금 더 편한 마음으로 여행을 즐길 수도 있을 겁니다. 위험한 곳은 어느 나라에나 있어요. 그렇지 않은 곳이 더

여행 프로그램 작가의 마음

여행 프로그램 작가의 마음

많고요. 그러니 너무 겁낼 필요가 없다고 생각해요."

여행을 보여주는 방법

제작팀이 방송을 통해 보여주려는 것은 출연자들이 무엇을 잘 즐겼는가다. 출연자가 즐거워야 시청자도 같은 감정을 느낀다. 편집을 통해 이러한 감정을 극대화할 수 있었다. 출연자의 감정을 되도록 많이, 그리고 자연스럽게 보여주려고 했다. 예컨대 〈꽃보다 청춘〉은 출연자들의 고군분투를 돋보이게 하는 편집을 했다. 자유여행의 느낌을 살려 프로그램의 색깔을 뚜렷하게 하기 위해서였다. 〈꽃보다 할배〉는 조금 더 전형적인 여행을 보여줬다. 실제 그 연령대가 여행하면서 느낄 법한 것들을 보여주기 위해, 탈것을 더 많이 이용하고 숙소도 더 편한 곳을 찾았다. 또 하나 중요하게 보여주고자 한 것은 풍경이었다.

"카메라 감독님들은 여행지의 풍경을 찍는 데 공을 들여요. 물론 출연자의 행위도 중요하죠. 그런데 시청자들이 저희 프로그램들을 좋아하는 이유 중 하나가 풍경 때문이더라고요. '저걸 나도 보고 싶다'는 욕구가 생기는 거겠죠. 사람들이 여행하는 중요한 이유는 좋은 풍경을 보는 것이라고 생각해요. 그래서 저희는 여행지의 멋진 풍경들을 담으려고 노력합니다. 〈꽃보다 청춘〉의 아프리카 편을 촬영할 때에는 풍경팀을 따로 꾸려서 인서트를 찍기도 했어요."

풍경을 보여주는 방식도 고민해야 했다. 같은 장소라도 아침과 저녁의 풍경이 달랐고, 바람이 불 때와 잠잠할 때가 또 달랐다. 드론과 같은 촬영 장비가 더 많이 활용되면서 색다른 느낌을 줄 수 있었고 타임랩스도 풍경을 지루하지 않게 보여주는 좋은 수단이었다.

국내 여행을 보여주는 방법은 또 달랐다. 프로그램을 준비하는 회의실에는 커다란 전국 지도가 붙어 있었다. 〈1박2일〉을 5년 정도 만드는 동안 전국 대부분의 지역을 다녀보았다. 머릿속에 한국이라는 나라 곳곳의 공간적인 인상이 저절로 그려질 정도였다. 국내 여행이라면 시청자들도 많이 다녀본 만큼, 새로운 무언가를 만들어내기가 어려웠다. 계절에 맞는 여행지를 찾되, 가는 방식이나 숙소의 형태, 맛집 찾는 방법 등을 달리함으로써 이야기를 변주하는 방법을 궁리했다.

"보통은 자가용으로 여행을 하지만 패키지 관광버스나 기차, 자전거처럼 탈것을 달리하면 새로운 여행이 돼요. 게다가 요즘엔 국내에도 에어비앤비 숙소가 많이 생겼고 호텔은 물론 민박이나 게스트하우스도 많아요. 숙소의 종류를 바꿔볼 수도 있는 거죠. 맛집도 미디어를 통해 유명해진 곳부터 기사님들이 주로 가는 곳, 동네에서만 유명한 곳을 찾을 수 있겠고요. 〈1박2일〉은 매주

　　　　　　　　　　　여행 프로그램 작가의 마음

여행을 가야 하는데 갈 수 있는 곳이 한정되어 있어요. 그런데 방법을 다르게 하면 새로운 여행이 된다는 것을 경험을 통해 알게 됐죠. 사실 국내 여행 프로그램을 만들기가 더 어려워요. 어떤 지역을 잘 아는 사람도 많고 여행해본 사람도 많으니까요."

김대주는 국내 여행 프로그램은 음식으로 비유하자면 된장찌개나 김치찌개 같다고 표현한다. 익숙해서 그 맛을 아는, 자신도 알고 있는 곳에서 벌어지는 이야기를 보는 편안함을 준다는 것이다. 코로나19로 외국 여행을 못 가게 되자 사람들은 국내의 여행지로 눈을 돌렸다. 그가 파악한 최근의 경향은 '분명 한국인데 외국 같은 느낌이 드는 곳'을 찾는 사람들이 늘고 있다는 점이었다. 〈여름방학〉의 배경인 강원도 고성도 그런 맥락에서 찾은 곳이었다. 사람들에게 익숙한 곳들이더라도 새로운 느낌을 주는 장소를 찾기 시작한 것은 코로나19의 영향이었다.

여행과 사람들

김대주는 코로나19가 종식되어 다시 마음껏 여행하기를 기다리고 있다. 그와 함께 일하는 사람들도 마찬가지다. 오랜 시간 함께 일하면서 깨달은 것은 이들이 여행을 진짜 좋아하는 사람들이라는 점이다.

김대주,

"저희가 그다지 세련된 사람들은 아니에요. 그래서 프로그램도 좀 촌스럽죠. 여행 방식도 그렇고요. 〈삼시세끼〉만 보더라도 맨날 시골 가서 된장찌개 끓여 먹는 프로그램이잖아요.(웃음) 여행이나 좋은 풍경, 맛있는 것들은 몇몇 사람들만 좋아하는 게 아닙니다. 그걸 유난히 좋아하는 사람들이 만드니까 저희 프로그램을 좋아하시는 것 같아요."

함께 일하는 사람들은 물론, 여행지에서 만난 사람들도 좋았다. 여행지의 인상을 결정하는 것 중 하나는 사람이다. 제작팀에게 방비엥은 마치 옛날의 강촌 같은 느낌의 시골이었고, 루앙프라방도 흙이 풀려 흐려진 물이 흐르는 오래된 도시였다. 그곳을 촬영지로 정한 것은 무엇보다 라오스 사람들 때문이었다. 답사를 다녀와서 라오스의 장점을 설명할 때는 "너무 좋던데요?"라고밖에 말할 수 없었다. 사람들이 주는 좋은 기분과 인상을 말로 설명하기란 힘들었다. 실제로 촬영이 시작되자 출연자를 포함한 모두가 어떤 느낌인지를 알게 되었다.

출연자들과도 연락을 지속한다. 그것이 가능한 것은 여행 프로그램을 함께했기 때문이라고 김대주는 생각한다. 어떤 장소로 이동해서 촬영만 하는 것이 아니라 여행의 과정을 모두 함께하는 동료인 것이다. 〈꽃보다 청춘〉의 아프리카 편을 촬영할 때는 출연자와 제작팀이 모두 텐트를 치고 자는 일도 많았다. 그러다 보면 공유할 추억거리가 생겼다. 라오스에

여행 프로그램 작가의 마음

서 함께한 유연석, 손호준, 차선우나 아프리카에서 함께한 박보검, 고경표, 유준열, 안재홍 들과 만나면 항상 여행 이야기를 한다.

"친구들과 여행을 하고 나면 그 이야기를 오래 두고 하게 되잖아요. 그런 추억 때문에 더 돈독해지는 게 여행의 매력이기도 해요. 〈꽃보다 할배〉의 어르신들도 만나면 '여행 또 언제 갈까' 그런 이야기를 해요. 프로그램을 함께 만든 PD와 작가들, 출연자의 매니저들과도 마찬가지고요. 여행을 함께하면 많은 것을 공유하는 친구가 되는 거죠."

그래서 김대주에게 여행은 많은 것을 선물해주는, 언제나 떠나고 싶은 것이다. 여행을 가서 느끼는 막막했던 감정, 좋았던 순간들이 결국에는 모두 좋은 기억으로 남는다. 힘든 순간도 어떻게든 이겨내고 지금은 돌아와 있으니까. 그러한 경험들을 방송 프로그램을 만들며 하고 있어서 운이 좋다고도 생각한다.

"아프리카에 함께 갔던 PD와 땀범벅이 된 채로 대화했던 게 기억나요. '작가님, 우리는 너무 성공한 것 같아요.' 그 말이 무슨 뜻인지 단박에 알아들었습니다. 밥도 제대로 못 챙겨 먹고 잠도 잘 못 자며 일을 하고는 있지만, 방송을 만들면서 얻는 추억들은 굉장한 것이었거든요. 그래서 저도 대답했죠. '저희 너무 좋은 일을 하고 있는 것 같아요'라고요."

그는 지금도 어떻게 하면 새로운 여행 이야기를 할 수 있을지 고민한다. 오랫동안 여행 프로그램을 만들면서, 그는 여행이란 정말 모습이 다양하다는 것을 알게 되었다. 새롭고 낯선 것을 만나는 일은 물론이고 익숙한 것을 다시 찾는 일, 한곳에 오래 머무는 일도 모두 여행이었다. 이제 그는 다시 여행할 날을 기다린다. 그의 발등에 차코 샌들의 무늬가 새겨지지 않은 지 오래다. 그의 걸음이 다시 이야기를 만들어낼 날이 곧 돌아오길 기다린다.

이다희, 살사를 찾아 떠난 여행자의 마음

사나운 개들이 치안 상태를 짐작하게 하는 도시들이 있다. 콜롬비아의 칼리가 그랬다. 이중으로 닫힌 문을 지나 게스트하우스에 들어서자 몸을 잔뜩 낮춘 개가 드세게 짖어댔다. 호스트가 내어준 지도에는 우범지대가 빨간색으로 표시되어 있었고 그 범위는 넓었다. 메데인과 함께 콜롬비아의 마약 카르텔이 크게 자리잡았던 도시, 칼리의 첫인상은 거칠었다.

이 도시를 찾은 것은 '살사의 수도'라는 별명을 확인하고 싶어서였다. 지난 세기에 쿠바와 푸에르토리코 사람들의 영향으로 뉴욕에서 시작된 살사 음악의 바람은 오래지 않아 콜롬비아까지 전파되었다. 식민지 시대에 콜롬비아의 대서양 쪽 해안에서 태평양 쪽 해안으로 노예를 데려가는 길목에 놓여 있던 칼리는 남미 전체에서 흑인 인구가 가장 많은 도시 중 하나가 되었다. 활기차고 유쾌했던 칼리 사람들은 살사 음악을 자신들의 스타일로 변형했다. 연주는 점점 빨라졌으며 춤을 추는 사람들의 스텝도 덩달아 바빠졌다. 칼리의 노동자들이 모여 살던 오브레로 구역을 중심으로 살사 클럽과 살사 학교들이 생겨났다. 마약 카르텔의 검은돈으로 호화로운 파티가 자주 열렸던 칼리였기에 살사는 더욱 번성했다. 지금 칼리의 카르텔은 그 세력을 잃었지만 살사는 여전히 도시의 정신으로 남아 있다. 춤과 음악으로서의 살사를 사랑하는 여행자들이 칼리로 모여드는 이유다.

살사에 이끌려 칼리를 방문한 여행자들이 빼놓지 않고 찾는 곳은, 이 도시에서 가장 유명한 살사 클럽 라 토파 톨론드라 (La Topa Tolondra)다. 밤 10시 무렵의 클럽은 사람들로 붐볐다.

그 명성처럼 칼리 스타일의 살사는 화려했고, 춤을 추는 사람들은 모두 즐거워 보였다. 다빈치의 그림 〈최후의 만찬〉을 살사 뮤지션들로 패러디한 벽화 아래에서 춤추는 한 사람이 눈에 띄었다. 그의 스텝은 탭댄스를 추는 사람만큼 빨라서 하반신만 두 배의 속도로 재생한 동영상처럼 보일 정도였다. 체크무늬 바지에 헌팅캡으로 멋을 부린 그가 건넨 명함에는 살사 학교인 아레바토 칼레뇨(Arrebato Caleño)의 이름이 새겨져 있었다. 이튿날 나는 산 안토니오 공원의 언덕으로 향했다. 아레바토 칼레뇨에서 살사 수업을 듣기 위해서였다. 그곳에도 어김없이 사나운 개가 낯선 이를 노려보고 있었다. 그리고 1년 뒤, 또 한 사람이 이곳을 찾았다. 살사를 찾아 떠난 여행자, 이다희였다.

춤이라는 언어를 접하다

혼자 내버려져 있는 경우 언어는 결국 서로 아무런 영향도 미치지 않는 방언들에 지나지 않으며, 따라서 한없이 세분되기 마련이다. 그러나 문명이 그 발달에 따라 소통을 증대시키므로, 언어에서도 일종의 묵계에 의해 기존 방언 중 하나를 선택하여, 국민 전체가 관련되는 모든 사항의 매체로 삼게 된다.[*]

---

[*] 페르디낭 드 소쉬르, 『일반언어학 강의』, 최승언 옮김, 민음사, 2006.

춤으로서의 살사는 쿠바에서 시작되었다고 보는 것이 통설이지만, 그 인기가 높아지면서 세계 여러 지역에서 새로운 스타일이 등장했다. 거칠게 분류하면, 움직임에 고정된 라인이 없는 쿠바 스타일과 커플이 가상의 직선을 따라 움직이는 LA 스타일로 구분할 수 있다. LA 스타일처럼 가상의 직선을 따라 움직이지만 첫 번째 박자(On 1)가 아니라 두 번째 박자(On 2)에 발을 내딛거나 뒤로 딛는 것을 뉴욕 스타일이라고 부른다. 그리고 복잡한 풋워크와 빠른 속도를 특징으로 하는 칼리 스타일이 또 하나의 갈래를 이룬다. 이 중에 이다희가 처음으로 배운 것은 On 2, 그러니까 뉴욕 스타일의 살사였다. 한국의 살사 판이 기존의 '살사 방언' 중 뉴욕 스타일을 택했기 때문이었다.

그는 텔레비전 다큐멘터리의 방송작가로 일했다. 아침 일찍 출근해서 밤늦게 퇴근하는 것이 당연한 일이었고, 쉬는 날은 얼마 안 되었다. 프로젝트가 길어지고 몸과 마음이 지쳐갈 때쯤, PD가 그에게 자유를 줬다. 6시 칼퇴근을 지시한 것이었다. 모처럼 되찾은 '저녁이 있는 삶'은 정해진 시간에 퇴근하는 일이 얼마나 삶을 풍요롭게 하는지 새삼 깨닫게 해줬다. 중남미 여행을 꿈꾸던 그는 스페인어 공부를 시작했다. 한국어와 비슷한 된소리를 발음하며 낯선 언어를 익히는 일이 즐거웠다. 그러나 즐거움은 오래가지 않았다. 한국어와 달리 스페인어에는 명사에 성(性)이 있어 까다로웠고, 여러 모습으로 변하는 동사를 외우는 일도 점점 버거워졌다. 세 달

　　　　　　　　　　살사를 찾아 떠난 여행자의 마음

만에 공부를 포기하고, 말이 아닌 소통 방법이 무엇일지 궁리했다. 답은 춤이었다. 그는 곧장 살사 동호회 '에버라틴'에 가입했다.

서울 태생인 그는 도시보다 시골 여행을 좋아했다. 그에게 도시는 사람과 소음이 많아 벗어나고 싶은 장소였다. 주로 선택했던 여행지는 전통문화가 강하게 남아 있거나 문명이 발생한 곳들이었다. 더 많은 것을 보고 느끼려면 여행지를 공부할 필요가 있었다. 책과 다큐멘터리로 각 나라의 문화와 역사를 공부했고, 인터넷에서 간단한 회화나 숫자 표현을 찾아 익혔다. 이다희가 짧지 않은 기간의 중남미 여행을 준비하면서 스페인어를 배우고 살사 동호회에 가입한 것은 자연스러운 수순이었다.

에버라틴은 한국에서 가장 큰 살사 동호회다. 이다희는 이 동호회에서 기초부터 살사를 배웠다. 살사의 기본은 베이식이라 불리는 스텝이다. 선생님들은 자연스럽게 걷는 느낌으로 스텝을 밟아야 한다고 가르쳤지만, 초보 수강생들은 로봇처럼 뻣뻣하게 스텝을 밟았다. 하지만 마주 선 이와 서로의 손을 잡고 춤춘다는 것만으로도 신기했다. 기본 스텝과 간단한 손동작을 익힌 뒤에는 좀 더 다양한 동작의 연속인 '패턴'을 연습했다. 패턴을 익히자 노래 한 곡을 두세 개의 단조로운 동작으로 채우던 초보에서 벗어나 점차 다양한 시도를 하게 되었다. 또 파트너의 손을 통해 전해지는 힘인 텐션도 느껴졌다. 에버라틴에서 살사를 배우는 이들은 수강 10개월 차에 발표회라는 작은 공연을 한다.

"살사라는 취미를 오랫동안 즐기는 사람들이 워낙 많아요. 그래서 웬만한 취미들과 달리 10개월 차의 발표회는 재롱잔치 정도죠.(웃음) 그래도 첫 공연이니까 큰 의미가 있어요. 함께 춤을 배워온 동기들과 모여서 준비하는 과정도 즐겁고요. 지금 생각하면 햇병아리 같지만, 그때는 그래도 '난 살사를 좀 이해했어' 하는 생각이 들었습니다. 살사가 한창 재미있을 때이기도 했고요. 그래서 자신감을 가지고 중남미로 떠날 수 있었죠."

On 1이라는 새로운 언어

'살사가 한창 재미있을 때' 여행을 떠난 그의 머릿속에는 춤 생각이 가득했다. 그러나 살사 문화를 중남미 전역에서 접할 수 있는 것은 아니었다. 춤을 출 수 없는 곳에서 이다희는 살사 음악을 듣고 베이식 스텝을 가다듬으며 여행했다. 살사가 갈급해질 때쯤 페루의 쿠스코에 도착했다.

다른 언어를 쓰는 사람은 아예 말을 못하는 사람으로 쉽게 생각된다. 그래서 그리스어 bárbaros(그리스어를 말하지 않는 이방인)는 '말더듬이'라는 뜻을 가졌던 듯하며 라틴어 balbus 와 유사한 단어로 보인다. 또한 러시아어에서 독일인들은

Němtsy, 즉 '벙어리'로 불린다.[*]

한국에서 배웠던 On 2의 뉴욕 스타일과 달리 그들은 On 1 살사를 췄다. 처음 접한 On 1은 세련되고 부드러운 On 2에 비해 투박했지만, 더 직접적이고 자극적으로 와닿는 박자감이 있었다. On 2가 청유형이라면 On 1은 명령형이었다. On 2가 도시적이고 섬세하다면 On 1은 토속적이고 격렬했다. 하지만 On 1이라는 언어를 알지 못했던 그는 처음 운전을 배우는 이처럼 덜컹이며 춤을 출 수밖에 없었다. 페루 사람들에게는 On 2라는 이국어를 쓰는 그가 마치 말더듬이처럼 느껴졌을 것이었다. 다행히 초보자를 대상으로 무료 강습을 해주는 곳이 있었다. 팔로워인 여성은 춤을 리드하는 남성과 달리 어느 정도의 센스와 박자감만 있으면 짧은 기초 수업으로도 춤을 출 수 있었다. 게다가 그에게는 한국에서 다져둔 살사의 기본기가 있었다. 이다희는 오랜만에 다시 만난 살사가 정말 반가웠다.

그는 중남미 살사의 맛을 조금 알게 되었다. 에콰도르의 도시 쿠엥카로 향하며 기회가 닿을 때마다 춤을 춰야겠다고 마음먹었다. 5일 남짓 쿠엥카에 묵으면서 그 다짐을 실천했다. 그는 "맨땅에 헤딩하듯" 그곳 사람들과 계속 On 1 살사를 췄다. On 2 댄서가 On 1을 장착하는 과도기였다. 한 도시에

---

[*] 페르디낭 드 소쉬르, 앞의 책. 괄호 안은 필자.

묵으며 살사 바를 드나드는 동안 낯을 익힌 사람들도 있었다. 아시아에서 온 여행자가 간단한 스페인어만 구사해도 그들은 신기하게 여겼다. 살사까지 춘다고 하니 믿지 않는 기색이었다. 한두 시간짜리 수업을 들은 정도라고 생각했을 것이었다. 하지만 그가 정말로 살사를 출 수 있다는 사실을 확인하고 나서는 정말 좋아하며 박수를 쳤다.

> "한국이라는 먼 나라에서도 살사를 배울 수 있다는 것을 정말 신기해하더라고요. 제가 춤을 추는 모습을 찍은 사진이 살사 바의 SNS에 게시될 정도였으니까요. 그곳을 드나드는 동안 동양인은 한 명도 못 만났어요. 그런데 바의 호스트에게 물어보니 간혹 오기는 한대요. 그리고 그 사람들은 하나같이 살사를 잘 췄다고 하고요.(웃음)"

살사의 수도 칼리

그는 마침내 살사의 수도 칼리에 도착했다. 다른 여행지에서 낮 동안 이름난 유적과 빼어난 경관을 둘러보고 해가 기운 뒤에야 춤을 췄다면, 칼리에서는 낮에 살사 수업을 듣고 밤에는 살사 바를 찾았다. 그곳을 찾은 목적이 다름 아닌 살사였기 때문이었다. 하지만 칼리는 마약 카르텔의 옛 근거지로서의 악명에 걸맞게, 그가 쉽게 목표를 이루도록 놓아두지 않았다.

이다희,

"칼리에서는 아무 골목에나 들어가선 안 된다는 것은 익히 알고 있었습니다. 그런데 저는 여행할 때 사람들을 그리 경계하지 않는 편이에요. 목적지 한 정거장 전에 있던 한낮의 골목은 평화로워 보였고요. 아이들이 뛰놀고 아낙들은 빨래를 하고 있었습니다. 버스에서 내려서 호젓한 기분으로 골목을 걸었어요. 그런데 한 여성이 제게 다가왔습니다."

강도였다. 볼리비아를 여행하는 동안 사진기를 빼앗긴 터여서, 휴대전화만은 정말 빼앗기기 싫었다. 강도는 저항하는 이다희의 가방과 머리채를 잡고 그를 벽으로 밀쳤다. 평화롭던 풍경은 갑자기 지옥도로 바뀌었다. 실랑이는 채 1분도 안 되었겠지만, 그에게는 마치 10분처럼 느껴졌다. 공부해둔 스페인어를 모두 동원하여 "도와주세요, 살려주세요" 외쳤지만 골목의 사람들은 오히려 그를 비웃을 뿐이었다. 그때 영화 같은 일이 벌어졌다. 한 커플이 오토바이를 멈춰 세우고 허공을 향해 총을 발사한 것이었다. 강도는 어쩔 수 없다는 듯 천천히 물러섰다. 이다희는 고맙다는 말도 못 하고 근처에 서 있던 택시에 뛰어들었다. 울면서 아무 곳으로나 가달라고 부탁했다.

"그날 일은 정말 부끄러워요. 여행자의 낭만적인 시선으로, 그들의 빈곤을 목가적이라 여겼던 거죠. 일기를 쓰며 낮의 일을 돌이켜보니 강도는 정말 앙상했어요. 팔도 가늘고 발육도 정상적이지

살사를 찾아 떠난 여행자의 마음

못한 느낌이었죠. 낮에는 정말 크고 위협적으로 느껴졌는데요. 저로서는 무서운 일이었지만, 그로서는 정말 가난하고 힘들어서 강도를 시도했다는 걸 깨달았어요."

택시 운전사는 그를 경찰서로 데려갔다. 경찰들은 그 골목이 칼리 사람들도 안 가는 최악의 거리라며 이다희를 나무랐다. 울면서 진술을 하던 그는 갑자기 눈물을 닦고 "이제 가야 한다"라고 말했다. 그가 어디에 가려는 것인지 궁금해하던 경찰들은 그의 대답을 듣고 크게 웃었다.

"살사 학교에 가야 해요. 오늘 첫 수업이거든요."

칼리에는 수백 군데의 살사 학교가 있고, 그 일부가 외국인 여행자를 대상으로 살사를 가르친다. 살사 학교의 학생 대다수는 소외 계층이다. 그들에게 살사 학교 입학은 범죄와 매춘으로부터 벗어나는 일이기도 하다. 소외 계층의 청소년들이 지역사회의 문화·경제적 활동에 참여할 수 있게 하기 때문이다. 범죄자들의 검은돈으로 흥성했던 칼리의 살사에는 이런 순기능도 있었다. 또한 살사는 칼리에서 경제 활동의 중요한 동력이기도 하다. 살사 공연을 위한 의상이나 신발을 만드는 이들, 공연자의 분장을 돕고 악기를 만드는 사람들, 그리고 살사 클럽에서 일하는 이들이 칼리를 더욱 생기 있게 만들었다.

"콜롬비아는 살사 관광객을 적극적으로 유치하려고 해요. 그래서 게스트하우스에서는 무료 살사 수업을 제공하고 살사 학교에

서도 다양한 수업을 개설하죠. 살사에 대한 칼리 사람들의 자부
심은 굉장했어요. 저도 칼리에 갔으니 칼리 스타일의 수업을 들
었습니다."

그렇게 찾아간 곳이 살사 학교 아레바토 칼레뇨였다. 잘
맞는 선생님도 있었고 그렇지 않은 이도 있었지만, 이다희는
열심히 수업을 들었다. 그런데 뜻밖에도 칼리 스타일의 살사
만큼은 그에게 맞지 않았다. 삶에서 여유를 추구하고 완급을
조절하고자 하는 그에게, 칼리 스타일의 살사는 급(急)의 연
속으로만 느껴졌다. 칼리 스타일 살사에 대한 사람들의 자부
심도 걸림돌이 되었다. 다른 스타일의 살사를 출 수 있는 사
람들도 살사 바에서는 모두 칼리 스타일의 살사만을 췄다. 하
지만 살사의 세계는 넓었다. 그는 다음 행선지였던 쿠바에서
'인생 살사'를 만났다.

살사의 천국을 만나다

이다희는 아바나에선 살사 수업을 듣지 않았다. 춤을 출 수 있
는 곳이 너무 많았기 때문이다. 쿠바 스타일의 살사는 가상의
고정된 라인이 없다는 점을 제외하고는 스텝이 On 1과 비슷
했다. 중남미의 다른 나라들을 여행하면서 On 1을 익혔던 이
다희는 어렵지 않게 쿠바 사람들과 춤출 수 있었다. 쿠바 사람

이다희,

들과 춤을 출수록 그들의 열정과 몸놀림이 감탄스러웠다. 다음 도시인 트리니다드에서 수업을 듣기로 한 이유였다.

"트리니다드에서 수업을 들으면서, 쿠바의 살사에 완전히 매료되었어요. 한국에서 배울 때는 동작을 더 정확하게 하고 더 잘 추려고만 했던 것 같아요. 그런데 쿠바 선생님은 동작이 잘못되었더라도 음악의 흐름을 타며 계속 춤을 추라고 했어요. 항상 웃으면서요. 아무래도 낙천적이고 여유로운 쿠바 사람들의 성격 덕인 것 같았습니다. 저도 성격이 느긋한 편이어서 쿠바의 살사가 더 편안하게 다가왔어요."

여행을 하다 보면 유독 사람들과 정서적인 친근감이 느껴지는 나라들이 있다. 이다희에게는 쿠바가 그런 곳이었다. 한국의 친구는 그를 두고 "넌 꼭 내가 워킹 홀리데이를 하는 동안 만났던 라티노 같아" 하고 말했다. 이다희는 중남미로 여행을 가기 전부터 자신의 영혼이 라틴 문화와 맞닿아 있다고 생각했다. 그의 짐작대로 쿠바에서 만난 사람들은 그와 닮아 있었다. 술을 좋아하고 약속 시간에 늘 늦었다. 누구를 만나더라도 열린 마음으로 친구가 될 수 있었다. 그리고 무엇보다도 음악과 춤을 사랑했다. 쿠바에서는 어디서나 살사 음악을 들을 수 있었다. 라이브 밴드의 연주인 경우도 많았다. 음악이 시작되면 누구나 자리를 박차고 일어나 춤을 췄다. 부랑자도 예외는 아니었다.

살사를 찾아 떠난 여행자의 마음

"야외 테라스에서 커피를 마시다가 춤 신청을 받은 적이 있어요. 허름한 행색의 할아버지였죠. 여러 여성에게 거절당한 끝에 제게까지 온 거였어요. 매너도 좋고 재미있게 춤추는 분이셨죠. 한국에서는 친구들과 대화하다 음악이 들린다고 해서 갑자기 춤을 춘 적은 없는데, 쿠바에서는 그게 무척 자연스러운 일이었어요. 그리고 누구나 춤을 춰요. 그들이 춤과 음악을 얼마나 사랑하는지 느꼈습니다."

춤과 음악을 사랑하는 데는 이다희도 뒤지지 않았다. 아바나의 방파제 말레콘을 걷다 살사 음악이 들리면 그는 혼자서 베이식 스텝을 밟았다. 자신에게 춤을 신청하라는 신호였다. 쿠바 사람들은 언제나 사양 않고 춤을 신청했다. 이다희가 꿈꾸던 살사의 천국이 그곳에 있었다.

언어로서의 춤

춤은 인간의 신체를 수단으로 하는 표현 방식이어서 가장 깊은 내면의 감정을 우회 없이 드러내기도 했다. 춤을 하나의 언어라고 한다면, 그것이 전달하려는 의미는 수용자의 과거 경험과 감정이입에 의해 주관적으로 해석될 여지가 컸다. 이다희는 살사를 출 때 파트너의 손을 잡고 눈빛을 보는 것만으로도 어느 정도 상대를 파악한다고 말한다.

"자신을 말로 꾸며내기는 쉽지만, 살사를 출 때의 느낌과 에너지는 절대로 꾸며낼 수 없어요. 그것은 그저 풍겨 나올 뿐이죠. 저는 서로를 알게 되는 데는 언어보다 춤이 때로는 더 강력한 수단이 될 수 있다고 생각해요. 그래서 여행할 때 살사가 좋은 도구가 되었던 것 같아요. 현지인 친구를 사귀기에 굉장히 좋은 방법이거든요. 제가 여행 전에 어떤 나라의 언어를 공부하더라도, 구사하는 것은 아주 유아적인 수준의 말뿐이었어요. 그럼에도 그 나라의 사람들과 쉽게 친해지고 어울릴 수 있었던 건 춤 덕분이었습니다. 춤이 언어 이상의 역할을 했어요."

언어 기호가 음소를 기본 단위로 하여 구성되듯 춤은 하나하나의 동작이 기호가 된다. 그리고 그 기호들이 모여 다양한 의미, 그러니까 정서를 구성한다. 춤의 의미는 고정되어 있지 않고 상황과 맥락에 따라 다르게 해석된다. 이에 영향을 미치는 요인 중 하나는 사회적 맥락일 것이다. 예컨대 상대방의 머리 뒤로 고리를 씌우듯이 손을 넘기는 동작인 '루프'가 라틴 문화권에서 자신의 마음을 전달하는 데 쓰인다면 한국에서는 특별한 의미 없이 엇갈린 손을 제자리로 돌려놓기 위한 수단으로 사용되곤 했다. 이다희는 문화적 관습에 따라 살사라는 춤에 대한 인식도 달라진다는 것을 여행을 통해 느꼈다.

"평균적으로 보자면 한국이 외국보다 춤 수준은 훨씬 높아요. 우리는 뭐든 열심히 배우다 보니 기술적으로 화려하고 정교하고 세

련됐죠. 중남미에서 살사는 굉장히 대중적이지만 정작 살사 바에는 춤을 제대로 배워본 적 없는 사람이 꽤 많아요. 그래도 아무런 문제가 없다는 듯, '나 춤은 잘 못 추지만, 그래서 뭐. 즐기려고 여기 왔어' 하는 느낌으로 놀더라고요. 기본자세가 그렇다 보니 춤을 출 때 유쾌함이 전달돼서 재미있기도 했고요."

한국의 살사 바는 춤을 추겠다는 분명한 목표를 가진 사람들이 찾는 곳이었다. 그런데 중남미에서는 춤을 못 추더라도 춤추는 사람들을 구경하며 대화를 나누는 사람이 많았다. 가족이 함께 찾아와 모자나 부녀가 함께 춤추기도 했다. 그리고 살사가 대중적인 취미인 덕에, 꼭 살사 바를 찾지 않더라도 살사 음악이 나오면 어디에서나 춤을 추기도 했다. 그는 춤에 대한 한국 사람들의 편견도 아쉽다고 덧붙였다.

"살사가 파트너 댄스다 보니까 남녀가 커플이 되어 추는 게 일반적이에요. 하지만 그게 당연한 건 아니죠. 외국에서는 동성끼리 춤을 추기도 해요. 우리는 아직 성에 대한 고정관념이 강해서 남녀가 짝을 지어 추는 걸 선호하는데, 그래서인지 춤이 퇴폐적이라고 보는 분들도 있는 듯해요. '춤바람'이란 말을 춤의 즐거움을 누리는 것으로 생각해서 저는 좋은 뜻으로 사용하지만 보통은 그렇지 않죠. 저는 누군가 취미를 물으면 당당하게 살사라고 얘기해요. 저 스스로 부끄러울 게 없고, 살사가 건강하고 즐거운 취미라고 생각하니까요."

동호회 사람들이 살사와 함께 배우곤 하는 라틴댄스인 바차타를 처음 봤을 때는 그 역시 약간의 거부감을 느꼈다. 살사에 비해 스킨십이 더 많은 탓이었다. 하지만 실제로 바차타를 배워보니, 겉으로 볼 때와 달리 프레임을 유지하며 선을 지킨다는 사실을 이해하게 되었다. 그 뒤로는 바차타를 편견 없이 즐길 수 있는 정도가 되었다. 이 경험에 비추어 사람들이 춤에 대한 편견을 버리기까지는 시간이 필요하다고 이다희는 말한다. 그래서 그는 주위의 친구들에게 살사를 함께 즐기자고, 강권하기보다는 '조금씩 자주' 이야기하곤 한다. 동호회에 새로 가입하는 이들 중에는 몇 년 전에 친구의 추천을 받고 한참을 잊고 있다가 뒤늦게 가입한 사람도 많았다. 그리고 그들은 하나같이 "더 일찍 시작할걸" 하고 후회했다.

느낌의 일회성

본디부터 여행을 좋아하던 이다희였지만 살사는 여행하고 싶은 마음을 더욱 부추기는 이유가 되었다. 예전에는 꺼리던 대도시 여행도 이제는 기꺼이 한다. 도시를 더 즐겁게 여행하고 그곳의 사람들과 소통하도록 돕는 도구인 살사를 얻었기 때문이다. 꼭 중남미가 아니더라도 살사를 출 곳은 많았다. 예컨대 태국의 치앙마이에서도 살사 바를 찾을 수 있었다. 관광객이 많은 그곳에는 세계 각국에서 온 사람들이 모여 춤추고 있

었다. 한국에서도 이곳저곳에 있는 살사 바를 여행하는 느낌으로 찾아갔다. 살사 바에서 새로운 사람과 춤을 추는 느낌은 마치 여행지에서 낯선 문화를 체험하는 것과도 같았다.

"저는 일상에서 여행하는 기분으로 살사 바를 가요. 지금 송파구에 살고 있는데, 집에서 한 시간 반이나 걸리는 이곳(인터뷰가 진행된 홍대의 살사 바 '하바나')까지 오는 일은 저에게 작은 여행이기도 하죠. 여기에서 음악을 듣고 새로운 사람과 춤추며 에너지를 충전하기도 하고요. 살사와 여행의 비슷한 점을 하나 더 꼽으라면 느낌의 일회성이 아닐까 싶어요. 이십대에 여행한 나라를 삼십대에 다시 찾는다면 분명 그 느낌이 다를 거예요. 살사를 출 때도 마찬가지입니다. 같은 사람과 춤을 춘다고 해도 그날의 기분이나 감정에 따라 춤의 느낌이 다르죠. 한번 췄던 춤의 느낌을 다시 받을 수는 없어요."

일시성과 순간성은 무용 자체의 기본적인 원리인 것이며, 또 무용의 특성상 당연한 결과인 것이다. 예를 들어 나는 젊은 시절의 작품을 후에 나이 들어 다시 공연하고 싶지는 않았을 것이고 또 그럴 수도 없었을 것이다. 왜냐하면, 나는 세월이 흐르는 동안 과거와는 다르고 좀 더 본질적이라 할 수 있는 요소들을 터득하게 되었고 따라서 다시 과거로 되돌아간다는 것은 불필요한 시간 낭비로밖에는 여길 수 없었기 때문이

살사를 찾아 떠난 여행자의 마음

었다.[*]

이들의 말처럼 춤은 일시적이다. 연극배우가 희곡 속의 인물 그 자체가 되는 '사건'의 순간을 겪고 그 느낌에 매료되듯, 이다희는 춤을 출 때도 간혹 황홀한 순간이 찾아온다는 사실을 알게 되었다. 하지만 그 순간으로 되돌아갈 수는 없다는 사실도 잘 알고 있었다. 그는 그 눈부시고도 찬란한 순간을 스스로 만들기로 했다. 아바나의 말레콘에서 베이식 스텝을 밟았던 것처럼, 그는 자신에게 황홀한 순간을 선사할 파트너를 적극적으로 찾았다.

"여행지에서처럼 살사 바에서도 즐거움은 스스로 만들어가는 거라고 생각해요. 살사에는 리더와 팔로워가 있고, 보통 남성이 여성을 리드합니다. 이 전제는 뒤집기가 힘들죠. 하지만 누가 먼저 춤을 청해야 하는지는 정해져 있지 않아요. 신청을 기다리기만 하는 게 아니라 적극적으로 파트너를 찾아 나서다 보면, 그날의 경험치를 스스로 채워나가는 느낌이 들어요. 그래서 제가 정말 좋아하는 음악이 나올 때 함께 추고 싶은 분에게 달려가서 춤을 청하곤 해요."

이제 살사는 이다희에게 가장 큰 즐거움을 주는 '1순위

---

[*] 마리 뷔그만, 『춤의 언어』, 김태원 옮김, 현대미학사, 1994.

의 취미'가 되었다. 그는 늘 삶의 지루함을 털어버리고 싶어했다. 살사는 가장 간편하게 그 지루함을 털어버리는 방법이 되어주었다.

이다희의 친구들은 그가 항상 새롭고 자극적인 것을 좇는 '고감각 추구자'라고 말한다. 친구들의 말처럼 그는 일상에서 벗어나고 싶을 때 다른 사람들보다 더 용감하게 도전하는 사람이다. 음식에 비유하자면 늘 먹던, 맛을 보장하는 음식도 좋지만 새로운 음식을 먹어보고 싶다는 것이다. 여행도 새로운 경험을 추구하는 일이었다. 금세 나가떨어지더라도 일단 경험해보는 것이 그에게는 중요했다. 궁금했던 것을 그냥 지나치기보다는 "내가 해봤는데, 별로야"라고 말할 수 있게 되는 편이 낫다.

"저는 여행하는 마음으로 살사를 췄어요. 살사를 배우고 추는 동안 그전에는 생각지도 못했던 즐거움을 느꼈습니다. 여행지를 공부하고 가면 여행이 풍부해지는 것처럼, 살사를 배우고 떠났던 중남미 여행은 정말 즐거웠어요. 하지만 설령 그것들을 모르는 상태더라도 예상치 못한 즐거움을 만날 수도 있죠. 같은 곳을 가더라도 다른 것을 느낄 수 있고, 배운 만큼 즐겁고, 생각지도 못했던 즐거움을 만날 수 있다는 점에서 살사와 여행이 비슷하다고 생각합니다. 여행을 평생 즐길 것 같은데요, 아마 살사도 그렇지 않을까 싶어요. 살사와 여행이야말로 저를 더 저답게 살도록 해주니까요."

그리스인들은 이런 기도를 올리곤 했다. "모든 아름다운 것이 두 번, 세 번 주어지기를!" 아, 그들은 신들에게 호소해야 할 충분한 이유가 있었던 것이다. 신적이지 않은 이 현실의 세계에서는 아름다운 것이 우리에게 전혀 주어지지 않거나 한 번만 주어지기 때문이다. 내가 말하고자 하는 것은 이 세계에는 아름다운 것들이 넘쳐나고 있지만 그럼에도 불구하고 이것들이 모습을 드러내는 아름다운 순간은 너무 적다는 것이다. 하지만 이것이야말로 삶의 가장 강력한 마법일지도 모른다.[*]

우리는 어디에고 있는 아름다운 순간들을 삶의 고정성 탓에 놓치고 있는지도 모른다. 또 한편으로는 일상에서 벗어나 습관적으로 바라보던 것들을 다른 방식으로 보게 될 때만 궁극적인 아름다움을 만나게 된다고 생각하기도 한다. 하지만 이다희는 여행과 살사를 일상으로 끌어들이고 거기에서 스스로 황홀한 순간을 만들어내려고 했다.

또래들이 돈을 모으거나 결혼을 준비하는 등의 목표를 바라보고 살 동안 그는 천천히 샛길들을 기웃거리며 삶을 즐기고 있다. 이다희는 '목표보다 과정이 중요한 삶'을 살고 있다고 스스로를 형용한다. 정말로 그는 목적에 사로잡히기보다는 과정을 즐기는 놀이를 하고 있는 듯했다. 지루함에 맞설

---

[*] 프리드리히 니체, 『즐거운 학문·메시나에서의 전원시·유고』, 안성찬·홍사현 옮김, 책세상, 2005.

에너지를 가진 사람 이다희는 스스로의 놀이를 만들어냄으로써 순수한 즐거움을 얻고 있었다. 살사와 여행을 통해, 세계를 그의 놀이터로 만든 것이다.

신애경, 관광통역안내사의 마음

북한의 심상치 않은 움직임이 외신에 실리면 가장 먼저 안부를 물어오는 이가 있다. 인도네시아에 사는 친구 베니 실라반이다. "북한이 미사일을 발사했다는데, 괜찮은 거야?" 같은 그의 메시지를 받으면 '휴전'이라는 상황이 새삼스러워진다. 물론 대개 미사일 발사가 곧 전쟁이 임박했다는 의미라고는 생각하지 않으므로, '늘 있는 일이라 한국 사람들은 그런 소식에 크게 동요하지 않아' 정도의, 짐짓 무심해 보이는 투로 답하곤 한다.

베니가 사는 곳에 대해 말하자면 인도네시아의 가장 서쪽에 있는 수마트라섬으로, 이 섬에는 활화산이 많다. 그를 처음 만난 동남아시아 최대의 호수 토바만 해도 수만 년 전의 화산 폭발로 형성되었다. 지금까지 남아 있는 활화산 중 수마트라섬을 뉴스에 가장 자주 등장시키는 것은 시나붕이다. 시나붕 화산의 분화 뉴스를 접할 때마다 나 역시 베니에게 안부를 묻는다. 그러면 그 역시 대수롭지 않은 일인 듯 대답한다. "그 정도로 대단한 일은 아니야."

직접 여행하거나 체류하지 않는 이상, 어떤 나라의 소식은 보통 뉴스라는 창을 통해 접한다. 그런데 뉴스는 가공과 편집의 과정을 거쳐 현실을 전한다. 그리고 뉴스를 보는 이는 편집된 정보를 통해 현실을 구성한다. 그렇기 때문에 우리 머릿속에 구성된 외국의 현실은 현지인들이 느끼는 것과 동떨어진 경우가 많다. 이것이 낯선 곳을 여행하는 일을 두렵게 만드는 이유 중 하나다. 북한과의 대립 상황이 주로 외신에 실리는 한국을 여행하기로 마음먹은 이들도 상황은 마찬가지일 것이다. 그런데 만약 낯

관광통역안내사의 마음

선 나라에서 자신을 인도해주고 편안하게 여행할 수 있도록 돕는 사람이 있다면 어떨까. 스페인어 관광통역안내사 신애경이 바로 그러한 일을 하고 있다.

잘 먹기 위해 공부한다

신애경은 대학에서 회계학을 전공했다. 전공을 살려 10년 동안 직장 생활을 했는데, 일의 특성상 분기와 반기, 연 단위로 반복되는 일이 지겨웠다. 무엇보다 자신이 정체된 느낌이 싫었다. 직장 생활을 하면서 취미로 스페인어를 공부했다. 그 당시에는 몇 군데 없었던 스페인어 학원을 찾아서 두어 달 기초를 공부하고, 그다음부터는 영어로 된 스페인어 강의 동영상을 찾아서 독학했다. 지겨워질 때는 스페인어권의 노래를 들으며 가사를 공부했다. 차츰 들리지 않던 것이 들리게 되었고, 스페인어를 쓰는 나라에서 온 사람들과도 조금씩 대화할 수 있었다. 직장 생활과 달리 어학 공부는 재미있었다. 스페인어로 할 수 있는 일이 있을 것만 같았다. 일단 회사를 그만뒀다. 그리고 알게 된 것이 관광통역안내사 시험이었다.

관광통역안내사는 한국을 여행하는 외국인 관광객을 인솔하며 문화를 소개하는 일을 한다. 꼭 필요한 것이 외국어 시험 성적인데, 스페인어의 경우 FLEX나 DELE 성적이 외국어 시험을 대체한다. 언어 공부를 좋아하던 신애경으로서는 나쁘지 않은 선택이었다.

그는 모국어인 한국어를 비롯해 영어, 스페인어, 포르투갈어, 중국어를 구사한다. 포르투갈어는 브라질로 파견 가는 배우자 때문에 배우게 되었다. 브라질에 가기 전에 한국에서 조금 공부해두고 현지 어학원을 두 달 다녔다. 그리고 상파울루에 있는 문화원의 파타일 모자이크 수업을 듣고 현지 사람들과 대화하면서 실력이 늘었다. 중국어는 대만 한 달 살기를 떠나기 전에 독학하여 HSK 4급을 따둔 뒤, 현지에서 학원을 다니며 익혔다.

"언어 공부하는 걸 좋아해요. 목적은 여행 가서 잘 먹으려고죠.(웃음) 현지 언어를 모르면 한국 사람들이 블로그에 올려둔, 다들 가는 식당의 뻔한 음식만 먹게 돼요. 무엇으로 만들었는지도 모른 채요. 인터넷에서 메뉴판 사진을 찾아가며 외국어를 공부했습니다. 그렇게 공부하다 보면 단어가 모여 문장이 돼요. 그쯤 알게 되면 어학 능력 검정 시험을 준비하며 더 공부할 동기를 만들죠."

지금은 태국어를 공부한다. 첫 번째 목표는 역시 잘 먹기 위해서다. 요리책부터 시작해서 넷플릭스 드라마, 태국어 자막이 많이 들어간 예능 프로그램까지 찾아서 보았다. 영화나 드라마에 사용되는 표현과 예능에 사용되는 표현, 유튜브에 사용되는 표현들이 서로 달랐다. 그런 차이점들을 비교해

관광통역안내사의 마음

가며 공부했다. 태국어를 공부하는 또 다른 이유가 있다. 겨울을 싫어하는 그는 따뜻한 동남아에서 겨울을 보낼 계획이다. 어느 정도의 체력이 요구되는 관광통역안내사 일을 더 나이 들어서는 할 수 없을 테니, 후일 그곳에서 지낼 준비를 해두려는 것이다.

스페인어를 선택해 관광통역안내사 자격증을 딴 데에도 이유가 있다. 우선 영어 관광통역안내사는 너무 많았다. 수요가 많긴 하지만 그만큼 자격증을 가진 사람도 많아서 살아남기가 힘들 것 같았다. 중국어권의 경우 단체 여행객이 많았지만 여행사들의 가격 경쟁으로 저가의 상품이 늘고 있었다. 게다가 조선족 출신의 가이드도 많았다. 스페인어 관광통역안내사가 되기로 결심한 신애경은 시험을 준비하여 2014년에 자격증을 땄다.

일단 버티세요

시험은 시험일 뿐이었다. 자격증을 따고 나서 일을 시작하자 공부해야 할 것이 훨씬 많았다. 시험이 관광통역안내사가 되기 위한 기본적인 지식이나 어학 능력을 확인하는 과정이었다면, 실무는 현실적인 것이었다. 경복궁을 한 시간 안에 둘러보기 위한 동선을 알아야 했고 화장실의 위치도 숙지해야 했다. 쇼핑 시간이 길어져서 점심식사가 늦어진다면 어떻게 해야 할지도 시험을 준비하는 동안에는 배울 수 없는 것이었다. 갑자기 내동댕이쳐진 느낌이었다. 직장에는 사수가 있거나 인수인계해주는 사람이라도 있었지만, 관광통역안내사는 실무를 가르쳐줄 사람이 없었다. 영어 관광통역안내사의 경우 수습 과정이 있지만, 스페인어는 자격증을 가진 사람이 워낙 적어서 그런 과정이 없었다. 여행사를 통해 다른 스페인어 관광통역안내사가 여행을 인솔할 때 참관할 수 있는지 문의했지만, 그것조차 안 됐다.

혼자 준비하는 수밖에 없었다. 여행사로부터 일을 의뢰받으면 답사를 했다. 먼 곳이더라도 차를 몰고 가봐야만 했다. 먼저 둘러보고 문화해설사의 설명을 녹음했다. 관광지에 대한 동영상도 찾아봤다. 그것들을 토대로 자신만의 스크립트를 만들어 스페인어로 번역했다.

관광통역안내사 자격증을 얻은 사람들은 보통, 여행사에 취업하여 외국 관광객을 인솔하며 투어를 진행하거나 프리랜서로서 여행사나 기업체, 관공서의 의뢰를 받아 일을 한다. 그는 취업보다는 프리랜서를 선택했다. 스페인을 포함한 유럽, 그리고 중남미에서 오는 여행자를 상대하는 여행사들에 이력서를 보내서 일을 얻었다. 어쩌다 한 번씩 연락이 왔다. 여행사로서는 처음으로 함께 일하는 그의 역량을 확인하고 손님들의 반응을 살피는 과정이 필요했을 것이다. 그렇게 조금씩 쌓은 경력이 지금의 자산이 됐다.

관광통역안내사의 마음

신애경,

"초반의 1, 2년은 정말 이 일을 계속해야 하나 싶을 정도로 일이 적었어요. 한 달에 100만 원만 벌자는 생각이었죠. 스페인어 관광통역안내사 일비가 보통 30만 원 정도 해요. 한 달에 사흘만 일하면 90만 원인데, 그 사흘의 일이 안 들어왔어요. 자괴감이 들었죠. 그렇다고 다른 아르바이트를 구할 수도 없는 것이, 거기에 묶이면 갑자기 투어 의뢰가 들어왔을 때 일을 못 나가거든요. 의뢰받은 하루하루가 모여 경력과 경험이 되는데, 아르바이트를 하느라 그 기회를 놓칠 수는 없었습니다."

어려웠던 시간을 견뎌내고 평판이 좋아지자 사정은 금세 달라졌다. 스페인어 관광통역안내사는 1년에 서너 명 합격하는 게 고작이었다. 그중에 모두가 현업으로 일하는 것도 아니어서, 현재 활동하는 스페인어 관광통역안내사가 열 명이나 되려나 추측한다. 코로나19로 관광객의 유입이 끊기기 직전에는 일할 사람이 부족해서 여행사가 힘들어할 정도였다. 신애경은 이 일을 시작했을 때부터의 소득을 스프레드시트 파일에 정리해두었다. 첫 2년 동안 일이 정말 적다고 생각했지만 첫해만 그랬을 뿐, 2년 차에는 그래도 2,000만 원 정도는 벌었다는 것을 알게 되었다. 지금 돌이켜보면 일을 그만둘까 고민했던 시간이 아까울 정도다.

"일이 없는 시간이 너무 많아서 그걸 견디는 게 힘들었어요. 처음의 어려운 기간은 사람에 따라 다를 거예요. 지금은 직장 다닐 때의 급여와 비슷한 정도는 벌죠. 그래서 저는 이제 막 관광통역안 내사가 된 분들께 일단 버티라고 이야기해주고 싶습니다."

낯선 눈으로 한국을 보게 되다

초보 관광통역안내사일 때 준비한 자료들은 끊임없는 업데이트가 필요했다. 문화재청에 게시된 동영상이나 각종 매체에서 만든 7분 내외의 짧은 다큐멘터리가 특히 도움이 됐다. 손님들에게 해주는 설명이 너무 길어서는 안 됐다. 이동을 잠시 멈추고 서서 설명을 듣는 손님들에게는 짧고 명료한 설명이 오히려 좋았다.

인솔에 나서기 전에 준비해야 할 것이 지식만은 아니다. 손님이 한국에 도착하기 전에 여행사에서 일정표를 보낸다. 일정표에는 날짜별로 가야 할 곳들이 적혀 있다. 그 장소를 어떤 순서로 몇 시에 갈지 정하는 것, 그러니까 동선을 짜는 일은 관광통역안내사의 몫이다. 고려해야 할 것은 많았다.

"예를 들어 서울의 올드타운이라 할 경복궁 근처를 인솔할 때는 이런 걸 고려해요. 인사동은 가게들이 오후에야 문을 열어요. 그런데 조계사는 아침부터 들어갈 수 있죠. 경복궁은 오전 9시에 문을 열지만 첫 번째 수문장 교대식은 10시에 있고요. 그렇다면 아침 일찍 조계사를 둘러보고 10시 무렵에 경복궁 수문장 교대식을 본 뒤 궁 안쪽을 둘러보는 동선을 짜게 됩니다. 인사동에서 점심을 먹은 뒤에 가게들이 모인 곳을 구경하고요."

몇 개의 도시를 여행할 때는 예약된 차편의 시간도 충분히 확인해두어야 한다. 경주에서 서울로 가는 KTX의 소요 시간, 서울역에서 다시 여의도 크루즈 선착장까지 이동하는 데 걸리는 시간, 각각의 포인트 인근의 식당과 화장실의 위치, 어느 장소에 입장하기 전에 해야 할 일 등을 하나하나 점검해두지 않으면 낭패를 보기 쉽다.

관광통역안내사는 투어 일정 내내 손님들을 상대해야만 한다. 그래서 신애경은 이 일에 '센스'가 필요하다고 말한다. 처음 10분이 중요하다. 그 10분 안에 호감을 얻고 손님들의 성향을 어느 정도라도 파악해야 이후의 일정이 편해지기 때문이다. 쇼핑과 유적지 중 어느 쪽에 관심이 많은지 파악하고 좋아하거나 꺼리는 음식이 무엇인지를 알아내기 위해서는 손님과 끊임없이 대화해야 하며 눈치가 빨라야 한다.

공부도 좋아해야 하는데, 어느 정도의 지식을 갖춰두어야 다양한 질문에 그때그때 대응할 수 있기 때문이다. 반복되는 질문들이 있다. 어쩌다 남과 북이 나뉘게 되었는지, 전쟁에 대한 두려움은 없는지가 가장 흔한 질문이다. 전쟁 이후 급속하게 발전한 이유나 종교에 대한 질문도 많다. 한국 사람들이 날씬한 이유를 묻는 이들도 뜻밖에 많았다.

신애경,

관광통역안내사의 마음

"관광통역안내사들은 개별로 일하지만 간혹 그룹이 커지면 같이 일하는 경우도 있어요. 그럴 때 다른 관광통역안내사가 어떤 이야기를 했는지 알게 되는데, 그런 게 조심스러워요. 최대한 객관적으로 대답할 필요가 있다고 느꼈어요. 제 의견을 물을 때는 '저는' 이렇게 생각한다고 대답해요. 어떤 질문을 받아도 상식선에서는 대답할 수 있어야 합니다. 관광통역안내사가 '모른다'는 대답을 할 수는 없으니까요. 그래서 되도록 공정한 답을 할 수 있도록 끊임없이 공부하게 돼요."

답이 정해지지 않은 질문들에 대답하려면 평소에 생각해보지 않았던 문제들을 고민해보아야 했다. 그 과정은 곧 낯선 눈으로 한국을 보는 일이기도 했다. 관광통역안내사로 일하면서 신애경은 외국인의 입장에서 한국을 보게 됐다. 새로운 장소에 가면 외국인들이 좋아할 만한 곳인지부터 생각한다. 음식점에 가도 외국인이 좋아할 만한 메뉴가 있는지 살핀다. SNS에 올라온 사진들을 볼 때는 그들에게 보여주면 좋을 곳을 체크한다.

"관광통역안내사가 되고 나서 한국이 더 좋아졌어요. 한국에 대해 공부를 많이 해서 그런지도 모르죠. 손님들의 반응을 보면서 한국이 좋아지기도 하고요. 고속도로에서는 길이 잘 정비된 것을 보고 놀라고, 휴게소나 화장실이 깨끗한 것에도 놀라곤 하거든요. 신용카드를 어디서나 쓸 수 있다는 점이나 사람들의 친절함에 대해서도 자주 얘기하고요. 일본과 중국까지 한 번에 여행하고 온 손님들은 비교도 종종 해요. 한국인은 일본인보다 쾌활하고 중국인보다 질서를 잘 지킨다는 식으로요."

특히 새삼스러워진 곳은 부산이다. 신애경은 초등학생 때 3년, 고등학생 때 1년, 그리고 대학 생활을 부산에서 했다. 그때는 부산이 좋다는 것을 느끼지 못했다. 이제 그에게 부산은 산과 바다가 모두 있는 멋진 도시다. 외국에서 온 손님들의 눈을 통해 그곳을 다시 보게 되었기 때문이다. 그들은 해운대며 오륙도, 해동용궁사를 보며 자연을 즐겼고 광안대교와 부산대교, 부산타워를 보며 도시의 다이내믹함을 느꼈다. 해가 질 무렵이면 신애경은 손님들을 롯데백화점으로 인솔하여 부산의 야경을 자랑스레 선보인다.

세계가 우리를 보는 시선과 우리가 세계를 보는 시선이 맞부딪치는 모습을 보기도 했다. 스페인에서 온 동성 커플이 있었다. 합법적으로 결혼을 하고 한 살 정도 된 여자아이를 입양해서 함께 여행을 왔다. 부산의 자갈치시장에서도 그 가족은 눈에 띄었다. 시장에서 일하시는 아주머니들은 도대체 아이의 엄마는 어디 있는지 궁금해했다. 신애경이 곤란해하는 것을 눈치챈 커플은 자신들이 둘 다 아이의 아빠이며 동성 부부라는 것을 전해달라고 말했다. 아주머니들은 놀란 눈치였지만 커플은 자신들이 동성 부부임을 자연스럽고도 당당하게 여겼다. 좋아 보였다. 문화가 서로 다른 두 세계가 시장에서 만나고 있는 모습을, 신애경은 본 것이었다.

어떤 사람들이 와서 어디를 가는가

최근 몇 년 사이에 한국이 괜찮은 여행지로 알려지면서, 예전
에는 동북아시아에서 일본과 중국 정도만 여행하던 경향이
한국까지 포함하는 쪽으로 바뀌었다. 신애경은 정보 없이 한
국에 와서 좋은 인상으로 떠나는 손님들을 볼 때마다 뿌듯함
을 느낀다.

> "우리가 남미를 여행할 때 여러 나라를 한 번에 둘러보는 경우가
> 많은 것처럼 남미에서 오는 사람들도 몇 개의 나라를 한꺼번에
> 여행해요. 아직까지는 중국과 일본을 2주씩 여행하고 한국은 3
> 박 4일 정도로 짧게 다녀가는 분들이 많죠. 그런데 큰 기대를 하
> 지 않고 왔다가 갈 때쯤에는 한국 일정을 더 길게 잡을걸, 하고
> 후회하는 분들이 늘고 있어요. 간혹 열흘이나 2주 일정으로 한국
> 만을 여행하는 분들도 있긴 합니다. 그런 분들은 다른 나라들을
> 많이 여행해본 사람들인 경우가 많아요. 여행 마니아인 거죠."

한번은 혼자 여행 온 스페인 손님을 상대한 적이 있다.
그는 북한을 먼저 다녀왔다. 남한과 어떻게 다른지 알고 싶
은 것이었다. 여행 상품을 통해 다녀왔는데, 혼자인 그에게 기

사 한 명과 가이드 두 명이 배치되었다. 두 명의 가이드가 서로의 이야기를 감시한다는 느낌을 받았다. 호텔에서는 밖으로 나가지 못했고, 사진을 찍을 수 있는 곳과 없는 곳이 분명하게 구분되어 있었다. 이 손님은 남한과 북한을 모두 둘러본 것을 만족스러워했다. 세상에 대한 호기심을 채우는 한 방법으로 안내자를 활용하는 일을 꺼리지 않는 사람이었다.

어떤 부류의 여행자는 홍대 클럽에 가고, 다른 부류는 DMZ 투어를 한다. 좀 더 진지한 쪽을 따지자면 DMZ 투어를 하는 쪽일 것이다. 돈을 들여 가이드 투어를 하더라도 더 많은 것을 알고 싶어 하는 사람들이 있었다. 그들이 알고자 하는 것은 역사뿐만이 아니었다. 페루에서 온 중국계 이민자 3세는 보신탕을 먹고 싶어 했다. 한국의 식생활을 비롯한 문화를 궁금해하고 경험하고자 하는 이들이 많았다. 한류의 영향도 없지 않았다.

"한류에 빠진 친구들은 연령이 어린 편이어서 부모님을 설득해서 함께 오곤 합니다. 배우 이민호의 팬이라던 멕시코 손님이, 드라마 〈개인의 취향〉에 나왔던 북촌의 한옥 앞에서 사진을 찍고 우는 것을 본 적도 있어요. 감격해서요. 또 다른 손님은 서울역이나 N서울타워, 경주 같은 곳에서 자기가 춤추는 모습을 동영상으로 찍었고요. K-pop을 좋아해서, 자신이 춤추는 모습이 담긴 동영상을 연예기획사에 보내 오디션을 보고 싶다고 했죠. 일거리가 늘어나는 것만 봐도 한류에 관심을 갖게 된 사람이 많아졌다고

느껴요."

한류는 손님들의 쇼핑에도 영향을 끼쳤다. 화장품을 사는 사람이 많아졌다. 삼성의 전자제품을 사는 손님도 많았다. 아르헨티나의 경우 관세가 많이 붙어서 한국에서 사는 것과의 가격 차이가 크다고 했다. 멕시코는 덥다고 생각하기 쉽지만, 일교차가 큰 계절에 입기 위해 한국에서 생산된 두툼한 옷들을 쇼핑하기도 했다. 다행스럽게도 스페인어 관광통역안내사의 경우 손님들에게 쇼핑을 유도하지 않아도 되었다. 싼 가격의 투어 상품으로 호객한 뒤에 쇼핑으로 이윤을 남기는 구조가 아니라, 정해진 일비를 받는 방식이기 때문이다.

가이드 투어를 신청하는 많은 사람들은 한국에 대한 구체적인 정보가 없는 경우가 많았다. 그래서 한국 안에서 여행하는 곳도 한정적일 수밖에 없었다. 하루짜리 투어를 신청한 사람들은 서울 주변을 크게 벗어나지 않는다. 경복궁과 그 인근을 묶은 투어가 가장 많고 남대문시장·동대문시장·용산전자상가를 묶은 쇼핑 투어나 롯데월드·한강유람선·N서울타워를 묶은 투어도 있다. 서울을 조금 벗어나 DMZ와 판문점을 방문하는 투어, 수원화성이나 용인의 한국민속촌을 둘러보는 투어도 하루 안에 가능하다. 며칠짜리 일정이라면 보통 서울과 부산, 경주 정도를 여행하고, 더 길어지면 동쪽으로 설악산이나 고성 DMZ박물관 등에 가게 된다.

"남미에서 온 손님들은 사실 우리나라의 자연풍경에 큰 감명을 받지는 않는 듯해요. 입이 쩍 벌어질 정도로 압도적인 풍경은 자신들의 나라에 더 많으니까요. 그 대신 궁궐이나 절처럼 동양적인 것에 관심을 보이죠. 한국과는 정말 다른 문화권에서 온 사람들이잖아요. 의외로 현대적인 곳을 좋아하는 사람이 많아요. 높이 솟은 건물들이나 도시인들의 삶의 모습, 그리고 첨단기술 같은 것들요."

여행사에서 지정한 일정표에 간혹 관광객의 국적을 고려하지 않은 관광 코스가 포함되어 아쉬울 때도 있다. 이를테면 스페인에서 온 손님들을 남이섬이나 쁘띠프랑스 같은 곳으로 인솔하는 경우다. 아시아에서 온 관광객은 한국 드라마의 영향으로 드라마의 배경이 된 남이섬 방문을 좋아했다. 하지만 스페인에서 온 관광객들의 경우는 다르다. 스페인 바로옆에 있는 프랑스를 본뜬 쁘띠프랑스로 인솔하는 일은 특히민망했다.

"손님들의 표정에서 못마땅함이 드러나더라고요. 들어간 지 5분만에 '네 잘못은 아닌데, 다른 곳에 가면 좋겠어. 프랑스라면 1년에 몇 번씩은 가거든' 하고 말하더군요. 그래서 손님들을 롯데월드타워로 인솔했더니 그제야 '바로 이런 걸 보고 싶었어!' 하더라고요."

템플스테이에 실망하기도 한다. 손님들이 기대하는 것은 선(禪)적인 모습을 보는 것과 수도하는 이들이 지키는 규율에 잠시나마 동참한다는 설렘 따위일 터였다. 그런데 어떤 곳에서는 수도와는 동떨어진 모습을 보여준다거나 그저 조용한 환경에서 하루 묵어가는 숙박 정도의 느낌만을 주기도 한다. 유적지에서 모처럼 발견한 스페인어 해설판에서 번역이 잘못된 것을 발견하기도 했다. 한국을 오래 여행하는 관광객이 중국이나 일본처럼 많아지려면 점검하고 정비해야 할 것들이 아직도 많다고 신애경은 느꼈다.

비수기를 나는 법

신애경은 관광통역안내사로 사는 1년 중 절반은 일이 없다고 생각하는 편이 좋다고 말한다. 그는 그 6개월을 버틸 방법의 하나로, 생산적인 일을 할 것을 제안한다. 신애경은 매해 초면 비수기에 할 일들을 정해둔다. 예를 들면 대하소설을 읽는다거나 새로운 언어를 공부하는 일, 그리고 한국어교육능력검정시험을 준비하는 것 등이다. 일의 범위를 넓히는 방법도 있었다. 국내에서 관광통역안내사로서 하는 일이 익숙해졌을 무렵 그는 국외여행인솔자로까지 시야를 넓혔다. 관광통역안내사는 11월부터 3월까지는 손님이 없다고 보면 되는데 그 시기에 겨울방학을 맞은 한국인들이 외국으로 여행을 떠났다. 관광통역안내사 자격증을 가진 사람은 신청만으로 국외여행인 솔자 자격증을 받을 수 있었다. 자격증을 받고 이력서를 내자 곧 연락이 왔다. 그렇게 첫 번째 국외여행 인솔을 다녀왔다.

"관광통역안내사는 비수기가 있으니까, 그때 본인이 하고 싶은 것을 즐기기 좋은 직업이에요. 말하자면 '워라밸(Work-life balance)'을 추구할 수 있는 거죠. 성수기에 일하면 3,000만 원 정도 벌고, 겨울에 두 차례쯤 해외 인솔을 하면 1,000만 원 정도 더 벌 수 있어요. 한국어교육능력검정시험도 비수기에 동남아에서 지내면서 한국어 관련 콘텐츠를 유튜브에 올려보려고 응시하는 거예요. 자기 삶의 스케줄을 짤 수 있다는 게 이 일의 좋은 점이에요."

비수기가 늘 정해져 있는 것은 아니었다. 가령 엔화와 위안화의 가치가 떨어지면 일본과 중국 관광객이 줄어든다. 자연재해를 입은 나라의 여행자도 줄어들 수밖에 없다. 국제 정세에 따라 손님의 수가 줄기도 하는데 분단국가라는 한국의 특성은 특히 민감한 요인이 되었다. 연평해전이나 북한의 핵실험, 한미군사훈련에 대한 반발 등이 관광 산업을 위축시키곤 했다.

"북한과의 갈등이 부각된 뉴스가 나오면 여행을 취소하는 사람도 있어요. DMZ 투어 같은 경우에는 특히 그렇죠. 한국 사람들은 '북한이 또 그러네' 하고 말지만 외국인들로서는 위험하다고 느끼는 거예요. 저희가 남미의 뉴스를 보고 위험해서 못 가겠다는 것처럼요. 그런데 막상 남미를 여행해보면 뉴스에서 본 것처럼 위험하지는 않잖아요. 안과 밖에서 체감하는 게 다르다고 생각해요."

그의 말처럼 한국인들이 남미로 여행하는 것을 무서워하는 만큼 외국 사람들도 한국으로의 여행을 두려워한다. 남북 사이의 문제는 물론이거니와 워낙에 알려진 정보도 적었다. 번역물의 양과 종수는 곧 국력의 척도가 되기도 한다. 스페인어로 된 한국에 관한 책이 적은 것이 현실이다. 정보를 찾기가 힘든 그들로서는 한국을 여행하는 일이 더 두려울 수밖에 없다. 그래서 그는 스페인어 관광통역안내사 일에서 보람을 느낀다. 한국이라는 낯설고도 두려운 나라에 찾아온 이들이 편안하고 즐겁게 여행하도록 돕기 때문이다. 그가 가장 듣기 좋아하는 말은 "네가 안내해준 덕분에 여행이 즐거웠어"라는 것이다.

여행의 정의는 모두 다르다

관광통역안내사로 일하며 신애경은 여행에 대한 사람들의 편견을 느끼곤 했다. 사람마다 여행을 정의하는 방식이 다름에

관광통역안내사의 마음

도, 자신의 잣대로 다른 이의 여행을 평가하려는 사람들을 만
난 것이었다.

"남미에서 만난 한 여행 인솔자는 자신에게 너무 의지하는 손님
들 때문에 힘들어하더라고요. 왜 그런 식으로 여행하는지 모르겠
다면서요. 주도적으로 여행하던 자신의 방식과 다른 게 불편했던
거죠."

미국의 역사학자 대니얼 부어스틴은 "여행자는 능동적
이다. 여행자는 사람과 모험과 경험을 열정적으로 추구한다.
반면 관광객은 수동적이다. 관광객은 즐거운 일만 일어나기
를 기대한다. 관광객은 구경거리를 보러 다닌다"라는 말로 여
행자와 관광객을 구분한다. 그에 따르면 과거의 여행은 과격
한 스포츠였지만 오늘날의 여행은 구경하는 스포츠이며, 오
늘날 여행자는 감소했고 관광객은 증가했다. 이러한 구분은
여행자 사이에서도 팽배하여 서로에 대한 반목의 말들을 심
심찮게 하곤 한다. 하지만 세계 최초의 여행사를 차린 토머스
쿡은 관광객에 대한 비판에 아래와 같이 맞섰다.

쿡은 관광에 대한 공격을 얄팍한 속물근성이라고 말했다. 관
광에 대해 비판적 입장에 선 사람들은 대개 과거 사람들이었
다. 쿡은 "희귀한 흥미가 있는 곳은 보통 사람들이 여행지로
갈 만한 곳이 아니고 일부 '선택'된 엘리트들만이 가는 곳이

라고 생각하는 것은 어리석은 짓이다. 그리고 오늘날과 같은 진보된 사회에서 몇몇 사람만 갈 수 있는 곳이 있다는 것은 말도 안 된다. 아름답고 완벽하게 신이 만든 지구는 모든 사람을 위한 것이다. 기차와 증기선은 보편적인 과학지식의 결과이며 모든 사람을 위한 것이다. 이제는 귀족들도 선조들이 먼저 간 길을 즐겁게 따라 걷는 보통 사람들을 보고 기뻐할 것이다"라고 계획된 관광을 옹호했다.[*]

그의 말대로 관광 상품의 등장은 소극적으로 집에만 있던 이들을 밖으로 끌어냈다. 관광통역안내사 신애경의 이야기는 이와 궤를 같이한다.

"그 나라의 언어를 할 줄 아는 것과 모르는 것이 여행할 때에는 큰 영향을 미쳐요. 역사와 문화에 대해서도 마찬가지죠. 분명한 것은 가이드 투어를 하면 좀 더 많이 볼 수 있다는 겁니다. 젊을 때는 배낭여행에 대한 환상이 있게 마련이에요. 도미토리에 묵으면서 세계 각국의 친구들과 소통하는 것 같은. 하지만 나이가 들면 생각이 변하기도 하죠. 체력 탓에 더 편한 것을 찾을 수밖에 없기도 하고, 두려움도 많아져요. 그래서 저는 서로를 이해할 필요가 있다고 느낍니다. 여행에 대한 편견을 갖지 않으면 좋겠어요."

---

[*] 대니얼 J. 부어스틴, 『이미지와 환상』, 정태철 옮김, 사계절, 2004.

신애경,

누군가에게는 모험이 필요하고, 누군가에게는 휴식이 필요하다. 모두가 같은 목적으로 여행하지는 않는다. 조금 더 편한 방법으로 여행하고자 하는 사람들이 있다면, 여행을 즐겁고 재미있게 만들어줄 사람도 필요하다. 특히 한국처럼 아직까지는 낯설고도 두려운 나라를 여행하려는 사람들에게는 그들을 이끌어줄 누군가가 필요하다. 신애경은 관광객의 즐거움을 위해 복무하겠다는 마음으로, 그리고 그들의 든든한 조력자로서 그 일을 하고 있었다.

조경국, 오토바이 여행자의 마음

고려 중기의 문신 이규보는 시를 지을 욕망을 불러일으키는 마력, 즉 시마(詩魔)에 대해 이렇게 말했다.

네가 온 뒤로 모든 일이 기구해졌다. 멍하니 잊은 듯하고 어리석은 바보 같으며, 벙어리 같고 귀머거리 같아 몸은 열이 나고 발걸음은 위축되었다. 배고픔과 목마름이 내 몸을 핍박하는데도 이를 알지 못하고, 추위와 더위가 살갗을 침범하는데도 이를 모른다. 게으른 계집종이 있어도 꾸짖을 줄 모르고, 밉살스러운 사내종이 있어도 타이를 줄 모른다. 정원에 풀이 더부룩한데도 깎지 않고, 집이 무너져가도 바로잡지 않는다. 배고프게 하는 귀신도 네가 불러서 온 것이다.[*]

인터뷰이 조경국도 문학이라는 마에 들린 이에 대해 이야기한 바 있다. "서로 관계를 묻기 어렵다"라고 스스로 표현하는 그의 책들(『DSLR 스타일샷』, 『페이스북이 정말 쉬워지는 착한 책』, 『필사의 기초』, 『책 정리하는 법』, 『소소책방 책방일지』 등) 중 『아폴로책방』에 실린 「모모 선생의 비밀」이라는 손바닥 소설이 그것이다. 경상남도 진주에서 소소책방의 방주(房主)로서 헌책방을 운영하고 있는 조경국처럼, 이 소설의 화자도 헌책방에서 일한다. 화자의 헌책방에는 비 오는 날마다 찾아드는 손님이 하나 있다. '출판사도 작가도 낯선 생경한' 소설책들을 주로 사 가는 모

---

[*] 이규보, 「물러가라, 시 귀신아(驅詩魔文)」, 『봄술이나 한잔하세』, 서정화 옮김, 태학사, 2009.

모 선생이다.

이 인물은 어딘가 '문학병'에 걸린 사람들을 떠올리게 한다. 이를테면 내가 출판사에서 편집자로 일할 때 보았던 어떤 사람. 느지막한 가을마다 열리는, 몇 개의 문학상을 시상하는 자리의 뒤풀이였다. 유명짜한 작가들과 출판사 직원들이 둘러앉은 자리에 차마 앉지 못하고 주위를 기웃대는 사람이 있었다. 예순을 훌쩍 넘긴 듯한 그의 입성은 초라했지만 옆구리에 낀 원고 뭉치는 그가 어떤 사람인지 짐작하게 해주었다. 그는 짐짓 능청스러운 태도를 꾸미고 뭐라고 웅얼거렸지만 출판사 직원인 우리들은 그에게 곤란하다는 표정을 지어 보일 수밖에 없었다.

그가 아니더라도 내게서 멀지 않은 곳에는 문학병에 걸려 자신과 주변의 삶을 돌아보지 않는 이들이 적지 않았다. 문학의 힘에 붙들려 끊임없이 그것을 욕망할 수밖에 없는 사람들. 하지만 그 정도가 어떠하든 누구에게나 스스로 욕망하는 일들이 있다. 조경국의 책들을 읽으며 그야말로 자신의 욕망에 솔직한 사람이라는 느낌이 들었다. 그에게 묻고 싶었다. "방주님은 무엇을 앓고 있습니까."

가능하면 멀리

조경국을 처음 알게 된 것은 『온다 씨의 강원도』의 인터뷰이 박성진을 통해서였다. 시인이 되기를 꿈꾸던 그에게 조경국은 "그럼 시인이 되면 되지요"라는 말로 응원했다. 조경국의 조언은 남에게만 해당하는 것이 아니었다. 그는 소설가가 되겠다는 꿈 따위는 없었지만 오로지 자신의 즐거움을 위해 소설을 썼고 그것들을 묶어 앞에서 말한 책을 펴냈다.

그는 자신이 하고자 하는 일을 곧잘 실행하곤 했는데 그중 하나가 오토바이 여행이었다. 첫 번째 오토바이 여행기는 『오토바이로, 일본 책방』이라는 제목으로 출간되었다. 인터뷰를 청했을 때 그는 유라시아 대륙을 횡단하는 오토바이 여행중이었다. 그가 돌아오고 오래 지나지 않아서 인터뷰를 했다. 그의 헌책방은 유등축제가 열리는 남강과 가까운 곳에 자리하고 있었는데, 이사한 지 얼마 되지 않아 한창 정리 중이었다. 오래된 종이 냄새를 풍기는 책들 사이에서 그와 인사를 나누었다.

"시골에서 태어나고 자랐어요. 경상남도 하동군 북천면이라는 곳이었죠. 골짜기에 파묻힌, 정말 작은 분지 마을입니다. 중학생 때까지 살았어요. 그곳을 벗어나고 싶은 마음이 굉장히 컸습니다. 고등학생이 되어 진주로 옮겨 살았지만 성이 차지 않았어요. 가능하면 멀리 가보고 싶다는 생각을 늘 했습니다. 하지만 기회가 많지 않았죠."

그는 나이 마흔에야 본격적으로 여행을 시작할 수 있었다. 그때 집안의 빚을 다 갚은 것이었다. 그전까지는 사진이

　　　　　　　　오토바이 여행자의 마음

나 자전거 등의 취미를 즐기며 가까운 곳을 잠시 다녀오는 게 전부였다. 그것도 물론 좋았다. 하지만 '가능하면 멀리' 가보고 싶었던 그의 마음을 채우진 못했다. 서른일곱 살부터 여행 자금을 마련하기 위해 한 달에 50만 원씩 적금을 들었다. 언젠가는 헌책방을 꾸리겠다고 생각해왔으니까, 세계의 책방들을 둘러보고 싶었다. 마흔 살이 되어 마침내 재정이 마이너스에서 제로가 되었고 그에게 자유가 주어졌다. 그가 앓고 있던 여행병을 비로소 달랠 수 있게 된 셈이었다.

먼 곳으로 긴 여행을 떠나려면 가족들의 허락이 필요했다. 물론 다짜고짜 허락을 구할 수는 없었다. 헌책방을 시작하기 전에 다른 나라에 있는 책방들을 둘러보고 싶다는 이야기를 틈날 때마다 해두었다. 대학교 1학년 때 만나 오래 연애한 끝에 결혼한 아내는 다행히도 그가 어떤 사람인지 잘 알고 있었다. 대학생 때부터 조경국이 "싸돌아다니는" 것을 보아온 탓에, 항상 어딘가로 떠나고 싶어 하는 그의 마음을 이해하는 아내는 쉽게 여행을 허락했다. 아이들의 동의를 얻는 것 역시 어렵지 않았다. 직장 생활을 하느라 10년 정도 가족과 떨어져 살았으므로, 아버지의 부재가 아이들에게 익숙했다. 아버지는 한 달에 두 번쯤 집에 오는 사람이었다. 멀리 여행을 다녀온다고 해도 일상인 듯 받아들였다. 그리하여 마흔이 되면 1년 동안 여행할 것을 허락받았다.

느리게, 첫 번째 장기 여행

그렇게 떠나게 된 첫 번째 장기 여행은 배낭여행이었다. 서울의 직장을 그만두고, 진주에 헌책방을 열 준비도 마쳤다. 중국에서 포르투갈까지 육로로 이동하며 그 길목에 있는 책방들을 둘러보겠다는 계획으로 여행을 떠났다.

걸을 때마다 나 자신과 내가 배워온 세계의 허위가 보였다. 그러나 나는 다른 좋은 것도 보았다. 거대한 바냔나무에 깃들인 숱한 삶을 보았다. 그 뒤로 솟아오르는 거대한 비구름을 보았다. 인간들에게 덤벼드는 사나운 코끼리를 보았다. '코끼리'를 정복한 기품 있는 소년을 보았다. 코끼리와 소년을 감싸 안은 높다란 '숲'을 보았다. 세계는 좋았다. (…) 그리고 아름다웠다. '여행'은 무언의 바이블이었다.[*]

처음으로 만난 세계는 멋졌다. 발길이 닿는 도시마다 그곳에서 되도록 많은 것을 보고 싶었다. 칭다오를 통해 입국한 중국에서는 단수비자가 허락하는 한 달을 꼬박 채워 여행했다. 베트남에서도 무비자 15일을 모두 채웠다. 태국에서는 그곳에 살고 있는 다큐멘터리 사진가 김윤기와 함께 사진을 찍고 전시회를 찾아 다니며 여행했다. 하나같이 근사한 곳들이

---

[*] 후지와라 신야, 『인도방랑』, 이윤정 옮김, 작가정신, 2009.

었다. 그런 식으로 느리게 여행하다 보니 싱가포르에 도착했을 때 이미 7개월이 지나 있었다. 남은 다섯 달 동안 어떻게든 포르투갈까지 가고 싶었지만 그렇게 하지는 못했다. 업무가 많은 부서로 발령이 난 아내가 집으로 돌아오라고 전갈했기 때문이었다. 아직 아이들이 어릴 때여서 업무와 육아를 병행하기에 힘에 부쳤던 것이다. 조경국은 눈물이 날 지경이었지만 돌아가야만 했다.

세계의 서점을 둘러보겠다는 계획은 일단 무산되었지만, 서점이라면 한국에도 많았다. 한국에 돌아온 그는 혼다 PCX라는 기종의 스쿠터를 구입했다. 해안도로를 따라 2,200킬로미터를 달리며 부산과 속초, 인천 등의 서점에 들러 책방 운영에 관한 조언을 구했다. 짬이 날 때마다 순천이나 통영처럼 진주와 가까운 곳에 있는 서점들도 둘러봤다. 이렇게 여행하다 보니, 이전에 아내에게 허락받아둔 1년 중 남은 5개월이 생각났다. 오토바이를 타고 좀 더 먼 곳에 가보고 싶기도 했던 그는 일본의 서점들을 둘러보기로 마음먹었다. 그리고 장거리 여행에 맞춤한, 배기량이 더 큰 오토바이를 살 돈을 모으기 시작했다. 출발하기 한 달 전이 되어서야 목표했던 돈을 모두 모아서 산 오토바이가 이번 여행에도 함께한 BMW F650GS TWIN(애칭 '로시')이었다.

일본 오토바이 여행은 크게 어렵지 않았다. 초짜 오토바이 여행자였지만 일본에는 편의점과 숙박 시설도 많았고 도로 상태도 좋아서 비만 오지 않으면 무리 없이 여행할 수 있었다. 문제는 여행병이었다. 일본 여행을 마치자 이번엔 오토바이로 유라시아 대륙을 가로질러 보고 싶었다. 그로부터 몇 년 동안 준비해서 떠난 것이 이번 여행이었다.

오토바이로, 유라시아 대륙 횡단

오토바이로 유라시아 대륙을 횡단하는 여행을 시작할 수 있는 기간은 한정되어 있다. 한국에서 5~7월 사이에 출발하지 않으면 날씨 탓에 여행하기 힘들다. 그래서 속초에서 블라디보스토크로 가는 배편(지금은 코로나19 탓에 운항이 중단되었다)을 이용하려는 사람들이 그 기간에 몰린다. 러시아에서 월드컵이 열렸던 해에는 이러한 사정을 잘 헤아리지 못해서 표를 구하는 데 실패하고, 다음 해 그맘때로 여행을 미루었다.

몇 년 동안 여행 자금을 모았다지만 예산은 무척 빠듯했다. 유라시아 대륙을 횡단하는 라이더들은 대개 러시아에서 스페인까지 달린 뒤 오토바이만 한국으로 보낸다. 그리고 기차와 버스로 유럽을 마저 여행하고 나서 비행기로 귀국하곤 한다. 그러나 오토바이를 배에 실어 보내려면 70~150만 원 정도가 들었다. 게다가 유럽 안에서 여행하는 동안의 차비나 한국으로 돌아오는 비행기 삯도 만만치 않았다. 조경국은 목적지인 포르투갈에서 한국으로 돌아올 때도 오토바이를 타기로 했다. 왕복 3만 8,000킬로미터를 달리는 동안 든 기름값

조경국,

은 250만 원 정도였다. 거기에 도로 이용료가 100만 원 남짓 더해졌다.

17개 나라를 여행했지만 이동 속도는 7개월을 들여 싱가 포르까지 갔던 첫 번째 여행에 비할 수 없을 정도로 빨랐다. 예산이 적었던 만큼 돌아올 때까지의 시간도 빠듯하게 정해 놓은 탓이었다. 러시아에서 라트비아로 이동하던 중 돌을 피 하려다 미끄러진 사고로 인한 비용 지출과 시간 소요가 뼈아 플 정도였다.

"저로서는 유럽 여행이 처음이었으니까, 출발하기 1년 전부터 가고 싶은 곳을 구글 지도에 표시하기 시작했어요. 그런데 막상 여행을 하다 보니 사고 탓에 계획하지 않은 곳에서 오래 발이 묶 이기도 했고, 날씨 때문에—그때 스페인이 너무 더웠거든요—지 중해가 있는 유럽 남쪽으로 못 가는 등 변수들이 참 많았습니다. 그래서 제가 처음에 계획했던 곳들을 모두 가보지 못한 것이 가 장 안타까워요. 그럼에도 건강하게 돌아온 것만은 다행이라고 생 각하고 있습니다."

속초에서 배를 타고 블라디보스토크에 도착했을 때, 조 경국처럼 오토바이로 유라시아를 횡단하려는 한국인이 여섯 명 있었다. 그중 네 명은 여행 도중에 오토바이가 고장 나거 나 물건을 도둑맞아서 귀국하고 말았다. 그만큼 쉽지 않았던 여정이었다.

오토바이 여행자의 마음

살아 있다는 느낌

오토바이를 타고 달릴 때 운전자는 항상 외부에 몸을 드러내게 된다. 그래서 날씨에 직접 영향을 받는다. 조경국이 유라시아 횡단을 시작했을 때 러시아의 날씨는 몹시 추웠다. 게다가 눈도 많이 내렸다. 그러다 유럽에 접어들자 뜨거운 햇볕을 온몸으로 받아내야만 했다. 돌아오는 길에는 비가 줄기차게 내렸다. 이상기후로 아무르 지역에 폭우가 잦았던 것이다. 마지막 사흘 동안에는 비를 뚫고 하루에 1,000킬로미터 정도씩 달렸는데, 계속 이렇게 달리다가는 목숨이 위험하겠다는 생각이 들 정도였다. 하지만 제때 도착하지 못하면 통관 접수 등의 문제로 블라디보스토크에서 2주를 기다려야 했다. 통장 잔고도 바닥을 보이고 있었다. 어떻게든 무리해서 달릴 수밖에 없는 상황이었다.

이렇게 온갖 고생을 한 여행이었지만 그에게 오토바이는 여전히 매력적이다. 오토바이를 타고 달릴 때 그는 물아일체의 경지를 느끼곤 한다. 오토바이를 타는 기분이 어떠냐는 질문을 받을 때마다 조경국은 영화 〈쇼생크 탈출〉에서 주인공 앤디가 탈옥에 성공하고 비 내리는 하늘을 향해 양팔을 벌리는 장면에 비유한다.

"오토바이를 타고 우랄산맥이나 돌로미티 같은 곳을 달릴 때에는 정말 날개를 단 듯 자유로운 기분이 들어요. 동력의 도움으로

제가 가진 힘보다 훨씬 빠르게 달릴 수 있으니까요. 우랄산맥의 도로는 200~300킬로미터쯤 되는데, U자로 구부러진 헤어핀을 계속 돌아야만 합니다. 엄청나게 집중하는 상태인 거죠. 그럴 때에는 영원히 달릴 수 있을 것 같은 기분이 들어요."

마라토너들이 느낀다는 러너스 하이가 이와 비슷한 느낌이 아닐까. 네 바퀴로 안정되게 달리는 자동차와 달리 두 바퀴의 오토바이를 탈 때는 스스로 균형을 잡아야만 한다. 계속 곤두선 상태에 놓이지만 긴장하고 있다는 그 자체가 살아 있는 느낌을 줬다. 일상의 흐름에 몸을 맡긴 상태를 벗어나서, 벽을 깨고 나가는 기분, 그리고 온몸의 감각이 되살아나는 기분. 장거리 운행을 하고 나면 몸이 완전히 지쳐버리지만, 목적지에서는 말로 설명할 수 없을 감정을 느끼곤 했다.

그가 여행을 통해 얻은 또 하나의 보람은 오토바이 여행자들 사이의 유대감을 확인한 일이다. 한국의 오토바이 여행자 사이에는 러시아의 라이더들이 유독 친절하다는 소문이 있었다. 러시아를 여행하면서 그 소문이 사실임을 느꼈다.

아르툠이라는 러시아인은 특히 그의 기억에 남았다. 비가 무척 많이 오던 날이었다. 버스 정류장에서 비를 그을 겸 라면 끓일 물을 올리고 있을 때였다. 사이드카를 단 빨간색 오토바이 한 대가 멈춰 섰다. 모스크바에서 시나리오 작가로 일한다는 아르툠이었다. 그는 오토바이를 세우자마자 안부를 물었다. 도로에서 등을 돌린 채 고개를 푹 숙이고 있는 조경국을 발견하고, 문제가 생겼다고 생각했던 것이었다.

오토바이 여행자들은 자신만의 로고와 연락처 등을 새긴 스티커를 만들어서 길 위에서 만난 여행자들과 나누기도 한다. 아르툠의 스티커는 러시아의 메이커인 우랄 기종의 오토바이가 그려진 것이었다. 라이더들은 스티커뿐 아니라 오토바이에 달아둔 박스에서 무언가를 꺼내 나누고 싶어 했다. 먹을 것일 경우가 많았다. 오토바이 여행자라는 유대감이 서로를 하나로 묶는 느낌이었다.

여행자들에게 관대하지 않은 것으로 악명 높은 러시아 경찰들로부터 무사할 수 있었던 것도 길의 맞은편에서 달려오는 라이더들 덕분이었다. 그들은 헤드라이트를 몇 차례 깜빡이거나 수신호를 건네 앞에 경찰이 있음을 알렸다. 마음 넓은 정비사도 만났다. 정비사 역시 라이더였는데, 자기 오토바이의 부품을 빼서 조경국의 오토바이에 끼워 넣었다. 다시 구해야 하는 번거로움을 마다하지 않고 부품을 내어주는 배려의 마음이 느껴졌다. 여행자를 신이 보낸 사람이라고 여겨 환대하던 옛사람들의 마음이, 아직 그곳 러시아에는 남아 있었다.

숙소를 찾지 못하고 헤맬 때도, 오토바이에 큰 문제가 생겼을 때도 어디선가 천사 같은 사람들이 계속 나타났다. 조경국은 자신이 늘 '대책 없는 긍정'의 상태에 있다고 표현한다. 그런 상태로 있다가 운 좋게도 도움의 손길을 만나곤 했다는 것이다.

"문제가 생겼을 때를 돌이켜보면 여행을 포기할 정도의 상황이 많았어요. 계속 달릴 수 있을까, 오토바이가 이렇게 엉망이 되었는데. 하지만 그때마다 누군가의 도움을 받곤 했죠. 여행을 하면서 좋은 분들을 정말 많이 만났습니다. 그런 사람들을 만나라고 누군가 저를 길 위로 떠미나 싶을 정도로요. 만약 그렇게 도와주는 사람들이 없었다면 대책 없는 긍정이 사라져버렸을지도 모르겠어요. 하지만 다행스럽게도 지금까지는 대책 없는 긍정의 상태가 이어지고 있습니다.(웃음)"

달리는 것 자체가 중요해요

비행기와 같은 교통수단은 어떤 목적지에 이르는 과정, 곧 여정을 소거한다. 하지만 전통적인 여행의 경우 목적지만큼이나 그곳에 가기까지의 과정, 길 위가 중요하다. 19세기의 평론가 존 러스킨이 "열차 여행은 우리를 목적지로 보내는 것이고, 이것은 우리를 마치 소포로 취급하는 것과 조금도 다르게 없다"라고 한 말은 여행에 있어서 길 위에서 만나는 것들이 얼마나 중요한지를 보여준다. 어떤 곳을 여행한다는 감동은 그곳에 가는 과정에서 얻는 경험과 떼어놓을 수 없다. 그런 의미에서 오토바이 여행은 전통적인 여행에 더욱 가깝다. 이번 여행에서 조경국은 하루에 300킬로미터 이상씩을 달렸다. 평균 속도를 시속 70킬로미터 정도로 계산한다면 오토바이를 타고 이동하는 게 하루에 네댓 시간이라는 의미다. 그래서 그는 적어도 오토바이 여행에서는 이동의 과정, 즉 달리는 것 자체가 중요하다고 말한다.

"어딘가를 목적지로 정하고 출발하면 아무런 사고 없이 도착하는 것이 제일 중요해집니다. 제가 여행이라고 느끼는 모든 일들이 오토바이 위에서 일어나죠. 목적지에 도착하면 모든 긴장이 풀리고 말아요. 그래서 고작 할 수 있는 일은 숙소 근처를 둘러보거나 서점에 가는 정도죠. 하지만 달리는 것과 비교한다면 그 즐거움의 강도는 10분의 1이 채 안 되는 느낌이에요."

보통의 여행을 할 때 우리가 어떤 장소라는 평면 위에서 사람들과 만나게 된다면 오토바이 여행은 길이라는 선 위에서 사람들과 만나게 된다. 간혹 그 선 위에 오토바이를 세우고 마주 달려오던 이들과 대화를 하며 서로가 가야 할 길의 정보를 나누기도 했지만, 그들은 다시 만날 수 없는 사람이었다. 그런 만큼 오토바이 여행은 자신에게 집중하는 여행의 형태라고 할 수 있다.

조경국은 혼자서 하는 여행을 더 좋아한다. 항상 사람들과 같이 있으니 여행할 때만이라도 혼자 있고 싶다는 것이다. 함께 있는 것이 늘 싫은 것만은 아니지만 길 위에서만큼은 온전히 혼자 있고 싶었다. 혼자 걷거나 오토바이를 타는 순간이 여행 중에서 가장 행복한 시간이라고 그는 느꼈다. 스스로 몸을 움직여서 가는 혼자만의 시간. 달팽이가 더딘 걸음으로 자신이 지나온 길 위에 자국을 남기듯, 그는 하나의 긴 선을 만들어가고 있었다.

그의 여행은 목적이 뚜렷했고 그 목적에 공감해줄 사람은 드물었다. 그래서 더더욱 혼자 여행하는 편이 나았다. 이번 여행의 목적도 누군가와 공유하기 힘든 것이었다. 유럽의 서쪽 끝, 포르투갈에 있는 렐루 서점을 반환점으로 삼고 책방들을 살펴보려고 했다. 하지만 책방들을 둘러보면서 어딘가 모를 쓸쓸함을 느꼈다. 렐루 서점이나 파리의 셰익스피어앤드컴퍼니와 같은 유명한 서점에만 사람들이 줄을 서서 '구경'을 할 뿐, 다른 서점이나 헌책방에는 손님이 적었다. 우리나라와 다를 바가 없었다. 더 이상 서점을 찾아가는 여행을 하지 않아도 되겠다는 생각이 들었다. 이제 그는 서점이 아닌 다른 재미있는 대상을 찾아보려고 한다.

"1년에 세 가지씩 버킷 리스트를 정하고 있습니다. 마흔 살이 되고부터, 내일 어떤 일이 일어날지도 모르는데 굳이 먼일을 걱정하지 않아야 한다는 생각이 들기 시작했거든요. 그즈음에 제가 좋아하던, 정말 가까운 분들이 갑작스레 세상을 떠났어요. 그 뒤로는 1년 단위의 계획만 정하고 거기에 집중하죠. 하지만 이번 여행처럼 준비가 많이 필요할 때는 2~3년을 보고 계획하기도 합니다. 주로 뭔가 재미난 일을 해야겠다는 생각이 들 때만 그래요. 대책 없는 긍정이라는 표현이 여기에도 적용될 것 같네요."

오토바이 여행자의 마음

이번 여행은 그가 처음 떠났던 배낭여행과 비교해 재미가 적어졌다. 론리 플래닛 같은 가이드북을 들고 다니던 그때가 더 "헤매기 쉬웠다". 전혀 엉뚱한 곳에 도착해서야 길을 잘못 찾았다는 사실을 깨닫기도 했고 버스를 잘못 타 한참을 되돌아오기도 했다. 그런데 이제는 스마트폰과 구글이 모든 걸 알려주는 세상이 되었다. 길을 헤맬 염려는 없어졌지만 색다른 여행을 하기가 오히려 힘들어졌다. 그의 경우 오토바이를 이동 수단 삼아 여행한다는 정도가 다를 뿐, 어느 도시 안에서든 누구나 다 비슷한 여행을 할 수밖에 없다. 서점에 갈 때만 하더라도 구글 지도의 리뷰가 많은 곳을 찾게 되었다. 그리고 리뷰를 척도로 삼는 방법이 효율적인 경우가 많았다. 한국을 떠나 블라디보스토크에 도착하자마자 심카드를 산 것은 어쩔 수 없는 일이었다.

그래도 됩니다

조경국의 이러한 경험은 우리가 세계 어디를 가거나 엇비슷한 체험과 소비를 하게 되는 이유를 설명해준다. 독일의 출판업자 칼 베데커가 여행 안내서를 만들면서 별표 시스템을 창안해낸 이래, 이 시스템은 현대 관광의 모습을 바꿔놓았다. 관광객들은 여행 안내서가 매겨놓은 별표의 개수에 의지해 관광 명소에 몰려간다. 그렇게 찾아가는 관광 명소란 한 나라의 실제 모습이라기보다는 관광객들이 기대하고 상상해오던 그 나라의 이미지에 가까운 곳들이기 쉽다. 관광 명소들은 상품으로서 만들어진 경우가 많기 때문이다. 이렇게 자본에 의해 서로 엇비슷하게 만들어진 이미지는 우리가 스스로 다른 것을 상상할 힘을 억누른다. 어떤 도시를 여행하건 판에 박은 듯 똑같아 개성이 없다고 느껴지고, 각기 다른 도시를 여행하고 있다는 것을 느끼기 어려워진 현실에서 우리는 새로운 무언가를 꿈꾸며 상업적 여행의 인력으로부터 벗어나려고 시도해야 한다. 그 시도의 동력이 될 수 있는 것이 바로 욕망이다.

욕망은 우리가 처한 현실에 구속되지 않으려는 힘이다. 그리고 그것은 무질서하며 우발적으로 생겨나기 때문에 우리에게 '정말로 그래도 될까'라는 죄의식을 심어준다. 동시에 욕망은 우리의 일상에 틈새를 만들어냄으로써 삶을 변화시킨다. 욕망이 우리의 삶을 구성한다는 것이다. 욕망은 실현되었을 때도, 그러지 못했을 때도 한 사람의 마음속에 동기로서 잠재되어 있으므로, 우리의 현재는 과거의 욕망이 누적된 결과인 셈이다.

욕망에 솔직한 사람, 조경국은 우리에게 '그래도 됩니다'라는 메시지를 준다. 마치 "시인이 되고 싶다면 시인이 되라"고 그가 말했던 것처럼, 욕망의 주체가 되고 그것에 솔직함으로써 우리는 스스로의 고유한 삶을 그려갈 수 있음을 일깨운다.

이제 그는 또 다른 방식의 여행을 꿈꾼다. 유라시아 대

오토바이 여행자의 마음

류을 횡단하는 동안 몇몇의 자전거 여행자를 만났다. 자전거를 타고 세계를 여행하는 일본인, 접이식 자전거인 브롬톤으로 도시를 여행하는 이도 만났다. 여행을 마치고 돌아온 그는 아내에게 '언젠가 알래스카에서 아메리카 대륙 최남단의 우수아이아까지 자전거로 여행하고 싶다'는 이야기를 꺼내두었다. 이번 횡단 여행이 사십대의 가장 중요한 버킷 리스트였다면 오십대에는 자전거 여행이 가장 중요한 버킷 리스트가 될 것이다. 그러기 위해서는 체력을 유지하는 일이 가장 중요했다. 당장 자전거 국토 종주 인증 수첩에 스탬프를 모두 찍는 일로 자전거 여행의 기본을 다져놓을 계획이다. 언젠가는 아프리카를 비롯해 지구의 모든 곳을 가보고 싶다고 그는 말한다. 오토바이뿐만 아니라 자신의 힘으로, 스스로 무언가를 움직여서 가는 것들에 그는 여전히 매력을 느끼고 있었다.

없이도 살 수 있다

조경국은 여행을 계속하기 위해 헌책방을 어떻게든 오래 유지하고 스스로가 좋아하는 일을 할 필요가 있다고 느꼈다. 책방을 처음 차렸을 때는 그 공간을 더 잘 운영하기 위해 모임을 만들고 강연회를 하는 등 일을 많이 벌였다. 하지만 그런 지나친 노력은 스스로가 지닌 에너지의 총량을 갉아먹는 일이기도 해서, 책방을 더 오래 유지하며 계속 여행하기 위해서

오토바이 여행자의 마음

는 에너지를 고루 분배할 방법을 고민해야 했다.

> "가끔 사람들에게 이런 얘기를 합니다. '사람에게는 에너지의 총 량이 정해져 있는 것 같다. 그것을 젊은 시절에 다 써버리면 나중 에 쓸 에너지가 없어지는 것인지도 모른다'라고요. 제가 정말로 하고 싶은 일들, 그러니까 책방을 유지하거나 여행하는 일들을 계속하려면 어떻게든 삶을 단순하게 만들 필요가 있다고 생각했 습니다."

삶을 단순하게 만들어야겠다는 그의 생각은 여행을 통 해 더욱 굳어졌다. 그는 일본을 여행할 때 좋은 사진을 찍겠 다는 마음으로 미러리스 카메라와 렌즈들을 챙겼다. 하지만 막상 멋진 풍경을 만났을 때는 도로의 흐름을 방해할까 봐 오 토바이를 멈춰 세우지 못했다. 이번 유라시아 횡단 여행에는 방수 카메라를 챙겼지만 비가 내릴 때는 사진이고 뭐고 당장 숙소에 찾아가는 일이 급했다. 오토바이에 달아두었던 박스 가 사고로 깨졌을 때, 카메라도 한국으로 보내고 말았다. 그 리고 스마트폰으로만 사진을 찍었다. 사진 욕심은 여행을 할 수록 줄었다. 어떻게든 여행을 잘 마치는 데에만 집중하게 되 었고, 짐을 많이 챙기지 않더라도 문제없이 생활할 수 있다는 것을 깨달았다.

돌아가면 덜 소비하고 더 단순하게 살기 위해 노력해야겠다고 생각했다. 필요 없는 것은 정리하고, 가진 것을 가능한 살려 쓰고. 능력 밖의 일은 쳐다보지 않고, 목적 없이 멀리 떠나지 않고. 사람 모으는 일에 쉬이 힘쓰지 말고, 관심 없는 일에 허투루 에너지를 쓰지 않고. 내가 가진 에너지가 그리 많지 않다는 걸 멀리 떠나보고서야 확인했다.[*]

그는 이번 여행을 통해 얻은 가장 큰 교훈이 '없어도 살수 있다'는 사실이라고 말한다. 그리고 정말로 많은 것들을 정리했다. 기존에 만들었거나 참여하던 모임들, 계획하고 있었던 일들. 꼭 필요하다고 생각했던 것들도 사실은 중요하지 않을 때가 많았다.

언제 떠나게 될지 모르니까요

40세가 되어서야 자신만의 여행을 할 수 있었던 조경국은 더 젊었을 때부터 여행했다면 얼마나 좋았을까 생각하곤 한다. 호스텔의 도미토리에서 만난 젊은 친구들을 보면서, 저맘때 여행을 했다면 지금의 자신이 훨씬 더 멋진 사람이 되지 않았을까 생각하기도 한다.

---

[*] 조경국의 페이스북.

오토바이 여행자의 마음

"후지와라 신야가 『인도방랑』 같은 책을 쓸 수 있었던 것은 이십 대에 여행을 떠났기 때문이 아닐까 싶어요. 그 무렵에 여행을 떠나야만 느낄 수 있는 감정이 있으니까요. 지금 제 나이쯤 되면 여행 중에도 어떤 식으로든 가족을 생각하게 됩니다. 이런 일은 위험하지 않을까, 자기 검열을 하게 되는 거죠. 하지만 지금의 나이라서 느낄 수 있는 것들도 있어요."

여행을 하면서 그는 자신의 한계를 명확히 바라보게 되었다. 오토바이라는 수단이 그 매개가 되었다. 기차나 비행기로 여행했다면 느낄 수 없었을, 오토바이를 타고 하루를 꼬박 달려 목적지에 도착했을 때 느껴지는 자신의 한계. 체력의 한계치까지를 모두 써버리고 숙소에 닿았을 때 느끼는, '여기서 더는 못 가겠구나' 하는 지각. 그는 그때 마치 자신 안의 엔진 시동이 꺼진 듯한 느낌을 받는다고 한다. 여행에 한정된 일만은 아니었다. 예전에는 좌고우면하지 않고 '할 수 있다'고 여겼던 일들이, 사실은 그렇지 않았을지도 모르겠다는 것을 알게 되었다. 자신의 깜냥, 한계, 에너지의 크기를 여행을 통해 깨달았다는 것이 그가 받은 느낌에 가장 가까운 설명이겠다. 이제 그는 더 이상 "뭐든지 할 수 있어요"라고 대답하지 않는다. 그리고 좋고 싫은 것을 확실히 구분할 수 있게 되었다. 자신이 하겠다고 한 일 중 정말로 하고 싶었던 것과 다른 사람의 눈치를 보며 억지로 했던 일들을 구분하게 되었다는 의미다. 이제 그는 후자의 일들을 '내가 할 수 없는 일, 맡아서는 안 되는 일, 저지르면 안 되는 일'로 여기게 되었다.

"멋모르고 이런저런 일들을 많이 저질렀던 것 같아요. 유라시아 횡단이 저로서는 무리한 여행이었을지도 모르겠고요. 그런 여행을 하고 나니 제게 무리한 것이 무언지를 일상에서도 몸과 마음으로 느끼게 되었습니다. 하지만 여행을 꿈꾸는 일은 멈출 수 없을 것 같아요. 에너지를 덜 쓰고 평상시에 관리를 잘해서 체력을 유지해두려고 합니다. 언제 떠나게 될지 모르니까요.(웃음)"

여행은 자신을 명확히 알게 해주었다. 무리한 여행일수록 더욱 그러할지도 모르겠다. 그는 되도록 젊을 때, 자신에게 무리라는 느낌의 여행을 떠난다면 더 빨리 자신의 한계를 알게 되고 집중할 수 있는 일이 무엇인지를 알게 되리라고 말한다. 뒤늦게 여행을 시작한 그였지만, 그 역시 무리한 여행을 통해 자신이 집중해야 할 것이 무엇인지를 깨달았다. 다름 아니라 더 많은 세상을 보고 싶은 마음이었다.

다시 처음으로 돌아가보자. 이규보의 욕망을 부추기다 된통 원망을 들은 시마는 억울했던 모양, 이와 같이 항변한다.

자네가 나를 탓하고 꾸짖는 것이 심한 것 같구먼. 어찌하여 이다지도 나를 미워하는가? 내 비록 하잘것없는 귀신이지만 상제(上帝)도 대접해주는 몸이네. 처음에 그대가 세상에 태어날 때 상제가 나를 보내 그대를 따르게 하였고, 그대가 아장

오토바이 여행자의 마음

아장 걸어다닐 때에도 집에 숨어서 떠나지 않았으며, 그대가 어린아이 때도 몰래 몰래 엿보았고, 그대가 커서 성년이 되었을 때는 뒤를 졸졸 따라다녔네. 그대의 기운을 웅장하게 해주고 그대의 문장을 화려하게 해주었네. 그래서 과거장에서 재주를 겨룰 때는 해마다 합격하게 하여 세상을 깜짝 놀라게 하고 명성을 사방에 떨치게 하였으며, 고귀한 사람들이 그대의 풍모를 우러러보게 하였네. 이것은 내가 그대를 적지 않게 도운 것이며, 하늘이 그대를 헤아릴 수 없이 후하게 대우한 것이네.*

자신의 한계를 알게 되었다지만 조경국은 여행하도록 부추기는 '마귀'를 떨쳐내진 못할 듯하다. 어려서부터 산골짜기 마을을 벗어나고 싶게 만든 것도, 가족을 이룬 뒤에도 홀로 여행하도록 만든 것도 모두 그와 함께 세상에 온 여행병이란 마귀였을지도 모른다. 기실 그 마귀의 실체는 욕망이다. 숨기지 않은 욕망은 비난의 대상이 되기 쉽다. 하지만 시마와 같이, 욕망이란 누군가가 태어날 때 함께 따라온 존재, 그러니까 누군가의 안에 숨어 있는 그의 다른 모습이다. 이것을 숨기지 않을 때라야 우리의 삶은 더 풍부한 모습이 된다. 조경국의 이야기가 그것을 증명한다.

---

* 이규보, 앞의 책.

오토바이 여행자의 마음

케이채, 지구를 산책하는 사진가의 마음

잠이 깰 무렵 들려오던 노랫소리가 꿈이라고 생각했다. 하지만 눈을 뜨자 나를 바라보며 입을 달싹여 노래하는 꼬마가 보였다. 나이답지 않게 제 감정에 취한 표정이, '그리스인 조르바'가 어렸을 때의 모습이 이렇지 않았을까 상상하게 했다. 배가 곧 산토리니에 도착하리라는 것을 알리는 방송이 들려왔고, 어른들은 모두 분주해졌다. 아티니오스항에 도착한 여행자들은 일제히 버스에 올라탔다. 나는 그저 산토리니를 보고 싶었을 뿐, 무엇을 하겠다거나 어디에 가겠다는 계획이 없었으므로 그들을 따라 피아 마을로 향했다.

그곳에는 내가 기대했던 산토리니의 모습이 있었다. 예의 그 청량한 색의 건물들과 정수리에 내리꽂히는 지중해의 햇볕 같은 것들이. 내키는 대로 골목길을 걷고, 싸구려 빵을 사서 우유와 함께 삼키고, 사람이 드문 성당 옆의 그늘에 아무렇게나 누워 낮잠을 자고, 좁은 길에서 만난 사람들과 눈을 맞추며 웃는 동안 나의 마음은 흡족했다. 피아 마을에서 아티니오스항으로 돌아가는 버스가 끊겼다는 사실을 알게 되었을 때도 이런 기분은 계속되었다. 별수 없지 뭐, 하고 머리핀처럼 굽은 차도를 춤추듯 뛰어내려가면서는 고함에 가까운 노래도 불렀다. 배에서 만났던 꼬마에게 깃들어 있던 조르바의 기운이 이번에는 내게 온 듯했다.

이런 기분을 망친 것은 항구에서 만난 신혼부부였다. 그들은 자신들과 내가 모두 알고 있는 어떤 장소를 이야기하는 것처럼 '이아'라는 마을에 대해 이야기했지만, 나로서는 처음 들어본 지명이었다. 그곳에 다녀오지 않았다고 대답하자 그들은 믿을

지구를 산책하는 사진가의 마음

수 없다는 눈치였다. 산토리니까지 와서 파랑을 상징색으로 삼은 '바로 그 이온 음료'의 광고를 찍은 마을을 다녀오지 않을 수가 있느냐는 것이었다. 그곳에 다녀오지 않았더라도 나의 여행은 충분히 즐거웠노라고, 차마 말하진 못했지만 못마땅한 기분이 드는 것까지 막을 수는 없었다. 상업 광고에 의해 연출된 이미지를 좇는 여행은 과연 누구의 것인지 의문이 들었다.

사진가 케이채는 "관광지에 대한 환상을 부여하는 것이 여행 사진의 임무"(『말이 필요 없는 사진』, 호빵, 2018)인 경우가 많다는 사실을 폭로한다. 예컨대 우리가 익히 보아왔으며 그때마다 감탄하곤 했던 우포늪의 사진들은 기실 사진을 찍는 이들이 어부에게 돈을 쥐여주고 포즈를 요구함으로써 얻어진 것들이며 어부의 실제 삶과는 동떨어진 모습이다. 이러한 일들은 세계 곳곳에서 벌어지고 있다. 케이채를 스리랑카로 이끈 '전통 방식의 낚시꾼'들 역시 모델에 불과해서 진짜 어부를 어렵사리 찾았다고 한다. 이런 사례처럼 우리가 보게 되는 여행지의 전형적인 사진들은 실제가 아니라 연출된 것일 경우가 많다. 하지만 진실과 연출의 경계는 너무나도 모호해서 우리는 연출된 것을 실제 모습이라 믿으며 어떤 여행지에 대한 환상을 키우곤 한다. 상업에 복무하는 사진들은 어떤 장소의 일부 이미지만 떼어 와 그곳에 어울릴 법한 얼굴을 가져와 세워놓는 식으로 장소의 이미지를 소비한다. 하지만 케이채는 그곳에 마땅히 있어야 하고 있어온 것들에 주목한다.

유명한 랜드마크를 촬영하러 갈 때는 전에 다른 사진가들이 찍은 사진을 최대한 많이 보려고 하는 편이다. 그들과 비슷하게 찍으려는 게 아니라 남들이 먼저 찍은 형식을 최대한 피해야겠다고 생각하기 때문이다. 그들이 어떤 생각으로 그렇게 찍었는지를 파악한 후에 나는 어떻게 그들과 다르게 접근할 것인가를 고민한다. 사실 남들이 잘 모르는 곳을 찍는 것보다 이미 유명할 만큼 유명한 장소를 찍는 것이 더 어렵다.[*]

케이채가 세상에 내놓은 몇 권의 사진집을 통해 사진에 대한 그의 생각의 깊이를 가늠할 수 있었다. 하지만 과장된 느낌의 뿔테 안경과 밝게 염색한 파마 머리가 도드라지는 그의 프로필 사진과 사진집에 담긴 그의 단정한 문장을 연결하기란 쉽지 않았다. 인터뷰를 하기로 한 날, 지독한 길치라는 케이채를 맞이하기 위해 인터뷰 장소 바깥에서 기다렸다. 화려한 옷차림의 그를 멀리서부터 알아볼 수 있었다.

온두라스에서 시작된 남다른 삶

인천에서 태어나고 서울에서 자랐다. 친구들 사이에서는 이

---

[*] 케이채, 『마음의 렌즈로 세상을 찍다』, 퍼플카우, 2013.

야기를 재미있게 하는 것으로 유명했다. 공부는 못했지만 동화 구연 실기 시험은 신이 나서 준비하곤 했다. 쉬는 시간에는 친구들이 모여들어 뒷이야기를 들려달라고 졸라댔다. 그때의 친구들은 케이채가 코미디언이나 프로 레슬러가 되지 않은 것을 신기하게 여긴다. 중학생 때에는 춤과 음악에 빠져 틈나는 대로 연습하기도 했다. 서태지와 아이들이나 듀스가 인기를 모으던 시절이었다. 해외를 여행한다는 것은 생각도 못했다. 학교에 한둘 있는, 외국에서 살다 온 친구를 모두들 신기하게 여기던 때였으니까.

그런데 중학교 3학년이 되었을 때, 온두라스에서 일하게 된 아버지와 함께 온 가족이 이주를 하게 되었다. 외국에서 살다 온 친구들이 한국의 학교에서 그랬던 것처럼, 온두라스 친구들 틈에 '신기한 사람'으로 던져진 모양새였다. 외국인 학교에서 영어로 진행되는 수업이 낯설었지만, 무던한 성격 덕분에 이내 그곳에 적응했다. 그때부터 남들과 다른 삶이 시작되었다.

사진을 찍기 시작한 것은 뉴욕에 있는 대학교에서 사진을 전공하면서부터였다. 대학생 때만 하더라도 사진가가 되리라고는 생각 못 했다. 졸업을 하고 한국의 광고 회사에서 2년 동안 일하면서 사진에 관심이 더 생겼다. 하지만 촬영자의 개성을 담거나 스타일을 살릴 수 없는 상업 사진을 찍는 일이 자신과 맞지 않음을 깨닫는 데는 그리 긴 시간이 필요하지 않았다. 그는 마침내, 사진가가 되어 자신이 원하는 사진을 찍기로 마음먹었다.

그가 좋아하는 사진가는 20세기 초 거리 사진(Street photography)을 찍었던 엘리엇 어윗이나 윌리 로니스 같은 이들이었다. 모두 일찌감치 기록으로서의 사진에 예술적 표현을 더하는 작업을 했던 작가들이다. 거리 사진 자체가 좋았다기보다는 그들의 작품이 좋았다. 세상을 떠돌며 발견한 아름다운 순간들을 사진으로 담는 작업을 그도 해보고 싶어졌다. 그때부터 여행을 준비했다.

"원래 여행을 많이 다녔던 사람은 아니었어요. 그런데 돌이켜보면 여행은 안 다녔더라도 한곳에 오래 산 사람도 아니었더라고요. 저는 고향이라고 부를 만한 곳이 없거든요. 그러다 보니 방랑하는 작업 방식이 저에게 맞았던 듯합니다. 지금도 끊임없이 어딘가로 흐르고 있어요. 사진이란 게 자신을 표현하는 일이기도 하잖아요? 그래서 한곳에 있기보다는 어딘가를 떠다니는 쪽이 제게 자연스러운 느낌이었습니다."

여행 사진가가 아닌 거리 사진가

케이채의 정체성은 거리 사진가다. 작업의 방식으로 '여행'을 선택했지만 여행 사진가라는 명칭은 그를 온전히 설명하지 못한다. 그는 여행을 하면서 찍는 사진들이 '뭔가 신기하니까

지구를 산책하는 사진가의 마음

그냥 셔터를 누르는' 함정에 빠지기 쉽다고 말한다.

"저는 셔터를 너무 많이 누르는 일이 공해라고 생각해요. 휴대전화를 포함한다면 누구나 사진기 하나씩은 가지고 있는 시대잖아요. 사진가로서 저는, 찍어야 할 이유가 있을 때만 셔터를 누르려고 노력합니다. 제3세계의 아이들이 헐벗고 뛰어다니는 것이 그저 보기 좋으니까 찍는다면 그건 생각이 없는 사진 아닐까요? 셔터를 누를 만한 '사건'의 순간을 찾아내지 못한 채, 그저 여행 사진들의 관습적 문법에 따라 찍는 이들이 더 많은 듯해요. 그래서 저는 여행 사진가라는 타이틀을 싫어하는 편입니다."

그가 특히 싫어하는 것 중 하나는 제3세계의 아이들에게 바투 다가가 렌즈를 들이밀고 찍은 사진들이다. 세계 어느 곳에서나 그런 스타일의 사진을 찍는다면 그 의도를 인정할 수 있겠지만, 유독 제3세계의 아이들을 피사체로 삼은 사진들이 많은 점은 이상했다. 그는 멀찍이서 사진을 찍으려고 한다. 아이들의 경우 끊임없이 움직이는 것이 보통이니까 더욱 그랬다. 아이들을 가까운 곳에 움직이지 않은 상태로 두려면 '포즈'를 요구해야만 한다. 하지만 케이채에게는 사진을 찍는 과정도 사진의 일부였다. 연출하지 않은 사진을 찍으려는 노력은 여행 사진가가 아니라 거리 사진가로서 자신의 정체성을 지키기 위한 노력이었다.

그는 인위적으로 만들어진 사진을 좋은 작품으로 인정

하지 않는다. 여행 사진가라는 타이틀을 내세운 몇몇 작가는 사진 애호가들을 대상으로 투어 상품을 운영하기도 한다. 값비싼 카메라와 렌즈로 무장한 한 무리의 사람들이 에티오피아에 가서, 커피를 내리는 여인을 둘러싸고 셔터를 마구 눌러대는 웃지 못할 장면을 만들어내는 것이다. 사진 찍히는 사람의 입장에서 생각해본다면 어떨까. 누구라도 그렇게 많은 사람들이 자신을 둘러싸고 사진을 찍는다면 불편을 느낄 터이다. 한 사람이 한두 컷 정도를 찍는다면 모를까, 그렇게 많은 사람 앞에 자신을 내보이는 것이 즐거울 사람은 드물다.

그렇기 때문에 케이채는 쉽게 찍을 수 있는 사진을 늘 경계한다. 사하라 사막에서 낙타를 끌고 가는 대상(隊商)의 모습을 찍기 위해 사람들을 섭외하고 그들의 위치를 설정한다거나 미얀마의 사찰에서 스님들을 이리저리 오가게 해서 찍은 사진들도 마찬가지다. 결과물만 봐서는 연출의 흔적을 찾기 어렵다. 그러나 케이채는 이렇게 만들어진 사진에는 생명력이 없다고 여긴다. 20세기 초의 거리 사진가들이 찍은 사진들이 여전히 사랑받는 이유는 섬세한 관찰을 통해 그 당시의 모습을 그대로 보여주기 때문이다. 그들을 본받아 케이채는 우리가 살고 있는 현재를 있는 그대로 담은 사진을 찍으려고 애쓴다. 지금이 아니라 수십 년 뒤의 사람들에게 거리 사진가로서 인정받기를 원하는 마음으로.

우리는 단지 여기에서 태어났을 뿐이다

케이채는 거리 사진가라고 하면 으레 떠올리게 되는 앙리 카르티에 브레송의 사진을 볼 때 염두에 둘 것이 있다고 말한다. 그가 유럽 출신의 백인이라는 점이다. 그렇기 때문에 찍을 수 있는 사진이 있다.

타인을 사진에 담기 위해서는 자신을 먼저 알아야 했다. 케이채는 아시아인이었고, 사진의 대상이 되는 사람들이 그 사실을 어떻게 받아들이는지 고민했다. 그런데 모두가 쉽게 여기는 아시아인이라는 점이 오히려 장점이 되었다. 그의 표현을 빌리자면, '아시아인치고도 특이한' 외모 덕분에 어디서든 주목을 받았고 그 덕분에 편하게 사진을 찍을 수 있었다. 과장하여 꾸민 외모는 이 때문이었다. 더욱 우습게 보이게 함으로써 다른 지역 사람들 사이에 쉽게 녹아들고자 하는 마음, 말하자면 사진을 위해 자신의 외모를 도구화한 셈이다.

한편 제3세계를 여행할 때면 그는 사람들을 동정의 눈으로 보지 않기 위해 애썼다. 오히려 올려다보려 했다.

"어떤 사람들은 한국과 다르게 돌아가는 일들을 제3세계에서 볼 때면 그들이 가난하기 때문에, 심지어는 미개하기 때문에 그렇다고 판단하곤 합니다. 하지만 한국을 기준으로 할 때 그들이 가난한 거지, 그 사람들 스스로는 가난하다고 생각하지 않을 거예요. 우월적 태도로 '나는 이렇게 안 살아서 다행이다, 한국에서 태어

나서 다행이다' 하고 생각하는 사람도 있겠죠. 하지만 그런 생각은 자신의 기준으로 남의 인생을 판단하는 일입니다. 우리는 단지 여기에서 태어났을 뿐이고, 그것은 우리 스스로 만든 상황이 아니라 주어진 것일 뿐이에요. 우연히 주어진 국적에 근거해서 우리가 그들보다 우위에 있다고 생각하는 것은 옳지 않아요. 우리는 단지 여기에서 태어났을 뿐이죠."

이런 이유로 그는 혼자서 여행하는 쪽을 더 좋아한다. "여기 사람들 정말 이상해"와 같은 말을 한국인 일행과 나눌 가능성이 없기 때문이다. 낯선 세계에 자신을 홀로 던져놓음으로써 그는 스스로가 이상한 사람이 되는 쪽을 택했다. 스스로 이상한 사람이 되어 바라본 현지인들은 그들로서는 당연한 일들을 하고 있었다.

사진이 시켰다

여행을 하면서 사진을 찍는다고 하면 대개 그 일을 낭만적이라 여기며 부러워하곤 한다. 하지만 케이채에게 여행은 작품 활동을 위한 도구 중 하나일 뿐이다. 실제의 사진 작업이 낭만적이라고만은 할 수 없다. 이를테면 오지에서 사진을 촬영해야 할 때가 그러했다. 중국 서쪽 끝, 파키스탄과의 접경지대에 있는 카슈가르에는 무슬림이 많았다. 하지만 중국 정부는 그 지역의 중심가를 한족 마을처럼 만들어놓았다. 케이채가 찾던 카슈가르의 모습이 아니었다. 중심가를 조금 벗어나자 벌판이었다. 그곳에 게르에서 사는 사람들이 있었다. 말 한마디 통하지 않는 그들과 접점을 만들고 관계를 형성해야만 사진을 찍을 수 있었다. 겉보기와 달리 쑥스러움이 많은 케이채로서는 사람들과 교감하는 일이 쉽지만은 않았다. 하지만 케이채는 사진을 찍기 위해 그들과 인사를 나누고 넉살 좋게 행동했다. 다행히 초대를 받아 게르에 들어갈 수 있었다. 자신이 어디에서 왔는지 설명할 수 없을 정도로 말이 통하지 않았지만, 그들이 내어준 차를 마시고 몸짓으로 소통하면서 사진을 찍을 수 있었다. 일이 이렇게 돌아가는 경우는 다행스러운 편이다. 마땅한 피사체를 찾지 못하거나 사진 찍히기를 원하지 않는 사람들만 있을 때는 사진을 찍지 못한다.

어느 곳에 가서 어떤 사진을 찍어야겠다는 목표가 있는 여행 사진가들과 달리, 거리 사진가인 그는 그러한 목표가 없는 경우가 많다. 큰돈을 들여 멀리까지 가더라도 마음에 드는 사진을 한 컷도 못 찍을 수도 있는 것이다. 연출하지 않은 사진만을 찍겠다는 원칙을 지키려다 보니 어려움이 더했다. 이럴 때 그는 압박감을 느낀다.

"여행이 중심이고 사진이 곁다리라면 마음에 드는 사진을 얻지 못하더라도 여행의 경험이 남겠죠. 그리고 여행 작가라면 여행지에서 얻은 에피소드가 자양분이 되어 글을 쓸 수 있겠습니다. 하지만 사진가는 오직 사진으로만 자신을 보여줄 수 있어요. 그래서 여행을 가면 마음에 드는 사진을 찍기 전까지는 잠을 못 잘 정도로 스트레스를 받습니다. 여행하면서 사진을 찍는다고 하면 다들 부럽다고 하는데, 이 일이 쉽다고 생각해서 그런 말을 하는 듯해요."

셔터를 누를 순간을 찾기 위해 항상 신경을 곤두세우는 일도 쉽지 않았다. 그는 셔터를 덜 누르려고 애썼다. 사진을 꼭 찍어야 할 때만 찍는 것이 사진가가 할 일이라고 생각하기 때문이었다. 그렇지만 사진 찍을 준비는 언제고 해둬야 했다. 결정적인 순간은 순식간에 지나가버리곤 하니까. 그 순간을 놓치지 않으려면 늘 신경을 곤두세울 필요가 있었다. 아침에 숙소를 나서면서부터 돌아올 때까지 "털이 곤두서 있는 텐션"을 유지하고 사진을 찍기 위한 프레임으로 세상을 바라본다. 결정적인 순간을 만나지 못해 사진을 한 장도 찍지 않은 날일지라도 숙소에 돌아오면 곤죽이 되곤 했다. 에너지 소모를 조금이라도 줄이고자 적어도 식사할 때만큼은 카메라를 가방 안에 넣어두었다.

사진을 위해 여행을 하는 그로서는 어딜 가든 사진을 먼저 생각하게 된다. 돈을 아끼면서 여행을 한다고 해도 도미토리에서는 묵지 못했다. 고가의 장비를 항상 신경 써야 하기 때문이다. 어쩔 수 없이 도미토리에서 자야 할 때에는 가방을 끌어안고 잘 정도였다. 이동할 때에도 카메라가 든 가방을 몸에

지구를 산책하는 사진가의 마음

서 떼지 않았다. 카메라 가방을 가지고 타지 못할 때는 그것을 넣어둔 곳을 계속 지켜봤다. 사진 촬영 장비를 줄일 수는 없으므로 배낭 안에 들어가야 할 다른 물건들을 극단적으로 줄였다. "인간으로서의 편의를 포기"한다는 것이다. 그렇게 짐을 줄이더라도 트레킹이나 등산을 할 때는 힘겨웠다. 카메라는 누구에게 맡기지 못하니까 직접 들어야 했기 때문이다.

"파타고니아에서 트레킹을 할 때엔 가장 돈을 적게 받는 가이드를 구했어요. 장비를 각자 들어야 했죠. 그때 가이드에게 트레킹 기술을 많이 배웠습니다. 히말라야에도 다녀왔고요. 그런 일들이 많다 보니 등산을 무척 싫어하던 저라는 사람도 전문가 비슷하게 되더라고요. 그 덕분에 인도양의 레위니옹에 갈 때에는 혼자서 트레킹할 정도가 됐어요. 가끔은 카메라 한 대만 들고 여행하고 싶다는 생각도 하죠. 그런데 제가 특이한 데를 가기도 하고 여행 경비도 항상 많이 들다 보니, 늘 '지금이 이곳을 방문하는 마지막 기회'라는 생각으로 장비를 많이 챙겨요. 장비들을 짊어지고 걷다 보면 항상 후회하지만요."

케이채는 이런 일들을 "모두 사진이 나를 시킨 것"이라고 표현한다. 성격과 달리 넉살 좋게 구는 것도, 무거운 짐을 지고 높은 산들을 오르는 것도, 아프리카의 분쟁지역에 가는 것도 모두 사진 한 장을 얻기 위해 한 일들이었다. 사진을 찍고 싶다는 마음이 등을 떠밀어 그를 길 위에 서게 한 것이다.

우연에 기댄 작업 방식

고가의 장비를 들고 세계 82개국을 여행했지만 도난은 딱 한 번 당했다. 파키스탄의 페샤와르라는 곳에서였다. 아프가니스탄과의 국경에 있는 그곳에서는 폭탄 테러가 종종 일어나고 유엔군도 주둔하고 있어서 흉흉한 분위기가 감돌았다. 그러나 그곳의 사람들은 클리셰로서가 아니라, 정말로 친절했다. 관광지가 아닌 곳에 케이채와 같은 동양인이 오자 모두들 흥미를 보였다. 차도 여러 차례 대접받았다. 페샤와르에 대해 좋은 인상으로 거리를 걷다 보니 그를 신기하게 여긴 사람들이 하나둘씩 따라붙기 시작했다. 선지자를 따르는 사람들처럼 갈수록 그 수가 늘었다. 정신이 없을 정도였다. 사람들이 모두 흩어지고 나서야 가방 주머니에 끼워둔 휴대전화가 없어진 것을 깨달았다. 경찰서에 신고하고 조서를 작성했지만 휴대전화를 찾을 수 있을 것 같지는 않았다. 그는 슬펐다. 산 지 얼마 되지 않은 비싼 전화기를 도둑맞아서가 아니라, 이 도시를 떠올릴 때마다 이 기억이 따라올 것임을 알았기 때문이었다.

그런 기분으로 숙소에 들어가긴 싫어서 좀 더 걷기로 마음먹었다. 페샤와르 사람들은 여전히 그에게 인사를 건네고 친근감을 표시했다. 도둑맞은 일을 이야기하자 위로를 건네기도 했다. 기분은 조금씩 나아졌다. 그러다 과일 상점에 할아버지와 손자가 나란히 앉아 있는 모습을 보게 되었다. 그는 사진기를 들어 셔터를 눌렀다.

지구를 산책하는 사진가의 마음

"제가 정말 좋아하게 될 사진은 찍는 순간, 그렇게 되리라는 걸 알게 돼요. 그 사진은 특별했죠. 페샤와르에서 찍은 사진 중에 가장 좋은 것이었으니까요. 그때 저는 깨달았어요. 휴대전화를 도둑맞은 덕에 이 사진을 찍을 수 있었다는 걸요. 오늘 하루의 모든 일들이 그 순서대로 벌어졌기 때문에 내가 이 자리에 올 수 있었고 이 사진을 찍을 수 있었다는 생각이 들었어요. 이때부터 모든 일에는 이유가 있다고 믿게 되었습니다. 여행이 계획대로 흘러가지 않더라도, 화를 내기보다는 좋은 징표로 받아들이게 되었고요."

이런 일들을 겪으면서, 그리고 거리 사진가로서의 정체성을 지키고자, 그는 '우연에 기대기'를 작업의 방식으로 삼게 되었다. 어떤 장면을 찍겠다고 계획하지 않은 채, 우연의 순간 가까이 자신을 가져다 놓고 무슨 일인가 일어나기를 기다리는 것이다. 그런 순간들에 자신을 최대한 많이 노출하기 위해 더 많은 곳을 여행했다. "오락실에서 동전을 쌓아두는 것처럼" 기회를 최대한 늘려둔 뒤, 그중에 한 번이라도 멋진 순간을 카메라에 담으면 그날은 성공한 하루가 된다.

그가 대단한 길치라는 점도 작업 방식과 잘 맞아떨어진다. 숙소로 돌아가는 길을 찾지 못해 다른 곳에서 잔 경험도 많다는 케이채는 촬영 목적지를 정해두고 그곳을 향해 가기보다는 '길을 잃으면서' 사진을 찍는다. 목적지를 정해두더라도 길을 잃을 것임을 알기 때문이다. 길을 잃은 채 걷다 보면 생각지도 못한 장소에 놓여 있는 자신을 발견하곤 했다. 여행자들에게 각광받는 장소보다 더 특별한, 평범한 순간의 아름다움이 그곳에 있었다.

자기 눈으로 세상을 보라

"평범한 순간을 만나기가 오히려 어려운 것 같아요. 여행을 할 때 우리는 어쨌거나 이방인이 되니까, 이방인으로서 현지인들의 일상을 만난다는 것이 어려울 수밖에 없죠. 아무래도 낯선 곳에서는 관광지나 여행자에게 편리함을 주는 곳에 마음이 자꾸 끌리기도 하고요. 저는 최대한 그것을 차단하려고 합니다."

그는 '어느 장소에 오래 머물면서 그곳 사람들과 동화되었다'는 흔한 형용을 믿지 않는다. 어느 나라에 아무리 오래 있었더라도 이방인은 이방인일 수밖에 없다. 여행자는 언젠가 여행지를 떠난다. 그러한 현실을 받아들일 때라야 좋은 여행을 할 수 있고 좋은 사진을 찍게 된다고 그는 믿는다. 이방인으로서의 길 잃기 덕분에 그는 틀에서 벗어날 수 있었다. 또한 평범한 순간을 평범하지 않게 담는 작업을 할 수 있었다. 여러 카메라가 향하는 쪽을 함께 바라보기보다는 아무도 카메라를 들지 않는 곳에서 카메라를 드는 쪽을 케이채는 좋아한다.

그는 자신의 작업을 '지구 조각'을 모으는 일이라고도 표현한다. 서로 다른 문화 속에 사는 전혀 다른 사람들의 삶의 조각이 모여 지구라는 행성의 다큐멘터리가 된다는 것이다. 이는 곧 산책을 통해 각 지역에 간직된 생활의 역사를 읽어내고 그 공간을 재구성해내는 작업 방식을 달리 이르는 것일 수도 있겠다. 다중의 일원으로 남기를 거부하고 개인성을 유지하는 '산보객(Flaneur)'의 자세를 취함으로써 자신만의 시선으로 공간을 바라보는 케이채에게는, 우리가 미처 눈여겨보지 않았던 온갖 것들이 말을 걸어올 듯했다.

> (순수한 산보객은) 항상 자기 개성을 충분히 확보하고 있다. 반대로 구경꾼은 외부 세계에 열광하고 도취되기 때문에 그들의 개성은 외부 세계에 흡수되어 사라지고 만다. 구경거리에 정신이 빼앗긴 구경꾼은 비인격적인 존재가 된다. 그는 더 이상 하나의 인격이 아니다. 그는 공중(公衆), 군중이다.[*]

여행에 대한 환상을 만들어야만 하는 자본은 여행자를 실제로부터 떼어놓는다. 치밀하게 계산된 관광 상품이 여행자를 유리 상자 안에 가둬놓는다. 케이채는 만들어진 공간으로부터 벗어나 거리를 헤매며 새로운 장소들을 발견해낸다. 그의 작업은 우리가 여행을 자신의 것으로 만들 한 가지 방법

---

[*] 빅토르 푸르넬, 『파리의 거리에서 볼 수 있는 것들』. 『도시의 산책자』(발터 벤야민, 조형준 옮김, 새물결, 2008)에서 재인용. 괄호 안은 필자.

을 제시해준다.

찍히지 않은 사진을 팝니다

10년 남짓 편집자로 일했던 내가 스튜디오를 차린다고 했을 때 이런저런 조언을 해주는 이들이 있었다. 그중에 귀담아들을 만했던 이야기 하나는 이 책의 인터뷰이 중 한 명인 김대주가 들려준 것이었다. 자신이 아는 한 사진가는 여행을 떠나기 전에 찍을 사진들을 미리 판매하여 여행 비용을 마련한다는 내용이었다. 그 사진가가 바로 케이채였다.

먹고사는 문제를 사진만으로 해결하기란 쉽지 않다. 그래서 사진과 전혀 동떨어진 일을 함께 하는 사진가가 많고, 결혼사진이나 돌 사진처럼 작품 활동이 아닌 사진 촬영을 하는 사진가도 많다. 그러나 케이채는 오직 작품 활동으로서의 사진 촬영만 한다. 당연하다는 듯 생활고가 따라붙었다. 새로운 곳으로 여행을 떠날 비용 마련은 더 큰 문제였다. 작품 활동 초기에는 어딘가를 여행한 뒤 그곳에서 찍은 사진들을 모아 책을 내거나 잡지 연재를 하고 전시를 했다. 그런 방식으로는 여행을 다녀온 뒤에나 수익이 발생했다.

여행을 떠나기 전에 여행 비용을 마련할 방법을 고민하다 '아직 찍지 않은 사진'을 파는 방법을 생각해냈다. 케이채는 자신의 소셜 미디어 채널을 통해 '찍히지 않은 사진을 팝니다'라는 이름의 프로젝트를 알렸다. 여행과 사진 작업 계획을 설명하고 후원 방식을 공지했다. 일종의 크라우드 펀딩이었다. 펀딩에 먼저 참여한 사람에게 작품 선택의 우선권을 주는 방식으로 참여를 독려했다. 여행을 마치고 돌아와서는 전시회를 열고 펀딩에 참여한 이들에게 작품을 전달했다.

새로운 시도였다. 사진 작품을 사는 경험이 낯선 한국 사람들에게 찍히지 않은 사진을 판다는 일은 모험과도 같았다. 2015년에 아시아를 여행할 때 처음 시작한 이 프로젝트는 남미와 아프리카를 여행할 때도 계속되었다. 예상했던 것보다 성공적이었기 때문이었다. 이 프로젝트를 진행하면서 참여자들이 그의 여행과 사진 작업에 더욱 관심을 갖게 된 점이 무엇보다 좋았다. 본인들의 투자로 여행을 한 작가가 찍은 사진들에 관심을 갖는 것은 자연스러운 일이었다. 또 사진 작품을 구입하는 일에 익숙하지 않은 평범한 사람들이 새로운 경험을 하게 된 점도 그는 자랑스럽게 여긴다.

"정가 9만 8,500원인 사진집(『원투쓰리포』)을 내면서 걱정을 좀 했어요. 이렇게 비싼 책이 얼마나 팔릴지 가늠할 수 없었거든요. 그런데 예약 판매만 200부 됐어요. 제 사진 작업을 지켜봐오던 분들이 예약을 해주셨을 것 같았습니다. 아무래도 지금까지 진행해왔던 프로젝트 덕분이 아닐까 싶었어요. 정말 유명한 작가들이 전시회를 하면 기업에서 작품을 구입해 가곤 하죠. 그런데 제 작품은 평범한 분들이 구입합니다. 저는 그게 좋아요. 한번 작품을

사는 경험을 하면 나중에 또다시 작품을 구입할 수 있게 되니까요. 기업처럼 작품을 꼭 사야 하는 곳이나 경제적 여유가 많은 사람들만이 아니라, 보통 사람들도 예술을 누릴 수 있다면 좋겠다는 마음을 가지고 있기도 하고요."

그러나 한국에서 팔리는 사진들은 그가 주로 찍는 거리 사진보다는 풍경 사진인 경우가 많았다. 한국 사진 시장에서는 사람이 담긴 사진이 잘 판매되지 않았다. 자신들의 얼굴이 담긴 결혼사진이나 가족사진이 아닌, 생판 모르는 남의 얼굴을 담은 사진을 집에 들이기 싫어하기 때문이다. 그리고 풍경 사진이 사람들이 공통으로 느끼는 미의 기준에 더 가까이 닿아 있기도 했다. 이러한 이유로 그는 풍경 사진도 찍어야만 했다. 하지만 풍경 사진을 찍더라도 남들과 같은 것을 재생산해내기는 싫었다. 다른 작가들의 사진을 보며, 어떻게 그 장소의 아름다움을 최대한으로 끌어올리고 그 자신만의 정체성을 살려 사진을 찍을 수 있을지 고민했다.

그 결과 그는 자신의 작품의 또 다른 정체성인 '컬러'를 강조해 풍경 사진을 찍었다. 자신을 컬러풀한 사람이라고 정의하는 케이채는 윌리 로니스가 "우리는 사진을 찍을 때 진짜를 보는 게 아니라 자신을 보게 된다"라고 한 말을 즐겨 인용한다. 사진을 찍는 일이란 작가 자신을 드러내는 행위라는 뜻이다. 자신의 눈에 들어온 컬러를 아름다움의 요소로 활용하는 것을 케이채는 자신을 드러내는 한 방법으로 삼은 것이다.

'찍히지 않은 사진을 팝니다' 프로젝트는 작가 케이채와 대중이 직접적으로 소통하는 통로가 되기도 했다. 아프리카를 여행할 때부터는 사람들이 더욱 부담 없이 프로젝트에 참여할 수 있게 포스터도 만들어서 판매하고 있다. 참여 인원이 눈에 띄게 늘었다. 여행 비용을 모두 충당할 정도는 아니었지만, 어느 정도 도움은 됐다.

케이채가 일견 엉뚱해 보이기도 하는 일을 벌인 것은 이 프로젝트가 처음은 아니었다. 인터뷰 자료를 조사하면서 그가 '낭만해적단'이라는 그룹을 만들어 음악 활동을 했다는 사실을 새롭게 알게 되었다. 낭만해적단의 노래라면 십수 년 전에 고(故) 신해철이 진행하던 라디오 프로그램의 인디 차트를 통해 들어본 적이 있다. 케이채가 힙합에 빠져 있을 때였고, 공연을 하면서 알게 된 친구들과 그룹을 만들었다.

"그렇게 생각을 많이 하고 한 일은 아니었어요. 사진도, 여행도 사실 그렇죠. 저는 생각을 많이 하는 편은 아니에요. 왜냐하면 생각을 하면 할수록 아무것도 못 하겠더라고요. 따지자면 지금 하는 일도 안 해야 맞는 거예요. 벌이가 좋은 것도 아니고 미래가 있는 것도 아니고요.(웃음) 낭만해적단 활동은 크게 실패했지만 후회는 없어요. 하고 싶었던 것을 다 해보고 망했으니까요. 그룹 활동을 해보고 나서야 음악에 재능이 없다는 걸 알았죠. 만약 제가 그때 하고 싶었던 일을 하지 않았다면, '음악을 해봤다면 어땠을까' 하는 후회를 아주 오랫동안 했을 거예요. 다행히 처참하게

망한 덕에 미련이 남지 않았죠."

케이채의 마음속에도 조르바가 한 명 있어서 그의 욕망을 추동하는 듯했다.

> 나라는 인간이 원래 이래요. 내 속에는 소리 지르는 악마가 한 놈 있어서 나는 그놈이 시키는 대로 합니다. 감정이 목구멍까지 치받치면 이놈이 소리치죠. '춤춰!' 그러면 나는 춤을 추는 거예요. 그리고 나면 숨통이 뚫리지요.[*]

계속해요, 조르바!

케이채가 브라질의 렌소이스 사막을 트레킹할 때의 일이다. 여행자가 좀처럼 없는 그곳에서 오토바이를 탄 사람이 멀리서부터 다가왔다. 프랑스에서 온 여행자였다. 그는 자신이 세계 100개 나라를 여행했으며 새로운 사람을 만나는 것을 좋아한다는 이야기를 한 뒤 그곳을 떠났다. 그게 이야기의 전부였다. 여행을 하다 보면 많은 나라를 여행했다는 것을 자랑으로 여기는 이들이 많았다. 그러나 케이채는 여행이 자랑거리라고 생각하지 않는다. 많은 나라를 여행했다고 해서 더 많은

---

[*] 니코스 카잔차키스, 『그리스인 조르바』, 베스트트랜스 옮김, 더클래식, 2020.

깨달음을 얻는다거나 더 많은 지식을 갖게 되는 것은 아니다. 그가 자랑하고 싶은 것은 여행이 아니라 사진이고, 그에게 중요한 것은 여행을 하는 동안 얻은 경험이다.

"저도 이제 여행을 좋아하고 어디로든 늘 떠나고 싶어요. 하지만 자신이 여행을 한다는 이유로 우월감을 가지지 않으려고 노력해요. 여행을 할수록 자신을 낮춰야 하지 않을까요? 지구 위 어느 곳에 있더라도 깨달음을 얻을 수 있습니다. 소크라테스가 아테네를 떠나지 않고도 우주를 논했던 것처럼요. 더 좋은 경험을 하고 많은 깨달음을 얻으려면 유행에 휩쓸려 인기 있는 곳들만 가기보다는 자신만의 여행을 찾아야 한다고 생각합니다."

세계 구석구석을 여행했지만 그가 수집해야 할 지구의 조각들은 아직도 많다. 다음번에는 아직 가보지 못한 중앙아시아를 여행할 계획이다. 그리고 언젠가는 페로 제도에도 가보고 싶다. 최근 들어 풍경 사진가들이 눈을 돌리고 있는 곳인데, 아직 사람들이 발견하지 못한 멋진 장소를 찾아내는 것이 목표다.

도시를 빼곡하게 채우고 있는 건물과 잘 뚫린 길들은 우리의 발길을 한곳으로 유도하고 제한한다. 하지만 케이채는 그 길들의 이끎에서 벗어나 샛길을 헤맨다. 그리고 그가 길 위에서 만난 사람들은 그의 사진 속에서 새로운 이야기들을 만들어낸다. 이제 나는 케이채의 동화 구연을 듣던 친구들의 마음으로 말하고 싶다.

"계속해요, 조르바! 얘기를 듣고 싶어요."[*]

---

[*] 니코스 카잔차키스, 앞의 책.

이꽃송이, 카우치서핑 여행자의 마음

여행자의 짐은 단출할수록 좋다. 그런데 짐을 줄이는 일은 생각보다 쉽지 않다. 대개 짐의 부피와 무게는 쓸 수 있는 돈에 반비례하기 때문이다. 예컨대 '여행지에서 쓰는 돈 몇 푼 정도, 우습지' 하는 기분으로 여행할 수 있는 사람의 경우를 생각해보자. 옷이라면 출발할 때와 돌아올 때의 것, 한 벌로 충분하다. 나머지는 현지에서 사 입고 나서 지저분해지면 버리면 그만이다. 여행을 편하게 만드는 이런저런 것들도 가방에 넣고 다닐 필요가 없다. 편의 시설이 모두 갖추어진 호텔에 묵는다면 모두 해결될 테니까. 그의 트렁크는 여행을 마치고 돌아올 때에야 기념품이나 면세품 들로 가득 찰 것이다.

한편 돈을 악착같이 아껴야만 조금이라도 더 오래, 더 멀리 여행할 수 있는 여행자라면 사정이 다르다. 옷은 새로 사지 않아도 될 만큼을, 날씨의 변동을 짐작하여 배낭에 넣어둬야 한다. 상태가 엉망인 숙소에 묵을 경우를 대비해서 침낭이나 담요를 챙겨야 한다. 세수와 양치 정도는 해야 하니까 세면도구도 가방의 한 자리를 차지한다. 그 밖에도 갖가지 상황에 대비한 잡동사니 들로 배낭을 빼곡하게 채워둬야만 급작스러운 일로 생기는 지출을 막을 수 있다. 말하자면 등에 지워지는 짐의 무게는 돈으로 줄일 수 있다는 뜻이다.

그런데 여기, 굳이 돈의 힘을 빌리지 않더라도 배낭의 무게를 줄일 수 있다고 말하는 사람이 있다. 카우치서핑으로 여행을 하다 인솔자가 된 이꽃송이다. 인터뷰 날 그는 경기도 파주에 사는 동생의 집에서 오는 길이라고 했다. 사흘 전에 쿠바와 멕시코

여행 인솔을 마치고 돌아와서 다음 날 다시 몽골로 떠난다는 이
꽃송이에게는 등 기댈 자기만의 방이 없었다.

여행할 때도 마찬가지였다. 2년 남짓한 기간 동안 정말 부
득이한 경우를 제외하고 카우치서핑과 야영, 노숙으로 잠자리를
해결했다. 이동 역시 히치하이킹으로 해냈다는 그가 2년간 세계
를 여행하며 쓴 돈은 900만 원이 전부. 하루 1만 2,000원 정도
로 생활하며 한 여행이 얼마나 고단했을지는 짐작할 만하다. 이
런 고달픔은 여행을 떠나기 전부터 예상된 것이었다. 하지만 고
달픔을 무릅쓰고 선택한 여행 방식은 그에게 굉장한 경험들을
선물했다.

처음을 위한 100개의 리퀘스트

이십대였을 때의 이꽃송이는 일밖에 몰랐다. 대학에서 영상
을 전공하다 학비를 감당하기 버거워서 학업을 그만두었다.
그리고 늘 몇 가지 일을 동시에 했다. 호프집 아르바이트, 무
역 회사 일, 캐릭터 탈을 쓰고 손님을 불러 모으는 일 등. 전전
한 직업만 서른 가지가 넘었다. 돈을 많이 준다고 하면 가리
지 않았다. 그렇게 돈만 바라보고 지내다 스물아홉 살이 되었
을 때, 길을 걷다 우연히 하늘을 바라보았다. 노란 은행잎이
거기 있었다. 은행잎이 노랗다는 게 새삼스러웠다.

충청북도 제천 출신인 그는 어려서부터 가족과 함께 경

주니 부산, 문경 등지로 여행을 다니곤 했다. 여행을 좋아했던 아버지 덕분이었다. 학교에서 걸스카우트로 활동할 때도 캠핑에 능숙했다. 그랬던 이꽃송이의 이십대에 여행이라곤 없었다. 스물일곱 살 여름에 해운대로 휴가를 다녀온 것이 고작이었다. 노란 은행잎의 새삼스러움을 통해 '일만 하다 이십대를 보내버렸다'는 사실을 깨닫자, 커다란 회의감이 들었다.

> "그 일이 있고 3개월이 지나서 비행기를 탔어요. 첫 여행지는 태국이었죠. 태국을 시작으로 라오스와 베트남, 캄보디아를 40일 정도 여행했어요. 이때엔 카우치서핑을 사용하지 않았습니다. 다른 여행자들이 어떻게 여행하는지 보고 싶었거든요. 여유가 무엇인지 모르고 살아왔던 제가, 여유를 배우기 위해 필요했던 시간이라고 생각해요."

이꽃송이가 선택한 여행의 방식은 카우치서핑과 히치하이킹이었다. 여행을 준비하는 동안 다른 이들의 SNS를 통해 카우치서핑이라는 서비스를 알게 되었다. 카우치(Couch, 소파 형태의 긴 의자)와 서핑(Surfing, 인터넷 서핑)을 결합해 이름을 지은 숙박 공유 사이트 카우치서핑은 여행자에게 무료로 잠자리를 내주겠다는 이들이 모인 곳이다. 잠자리를 매개로 현지인과 여행자를 연결함으로써 서로 다른 문화를 이해하도록 하고, 세계인들이 소통하도록 돕는 것을 목표로 한다. 이 사이트에 이용자의 정보와 실제 거주지의 사진 등을 등록해두면,

다른 나라의 여행자들이 이용자의 거주지에 머물 수 있고, 이용자가 여행하려는 곳의 가입자를 검색해 메시지를 보내면(이를 '리퀘스트'라고 한다) 잠자리를 구할 수도 있다.

이꽃송이가 카우치서핑을 선택한 것은 금전적인 문제 때문만은 아니었다. 랜드마크 찍기식의 여행이 아니라 현지인들과 함께하는 여행. 그런 여행을 하고 싶었다. 물론 몸은 힘들 테지만 조금이라도 어릴 때 카우치서핑이나 히치하이킹을 통한 여행을 해야겠다는 생각도 들었다. 동남아시아 여행을 마치고 터키에 가면서 카우치서핑으로 숙박을 구하고 히치하이킹으로 이동하기로 마음먹었다.

첫 번째 잠자리를 구하는 일은 쉽지 않았다. 하지만 어떤 일이라도 처음이란 있을 수밖에 없다. 그는 태국에서 여행하는 동안 터키의 호스트들에게 100여 개의 리퀘스트를 보내두었다. 레퍼런스(호스트가 이용자를 평가한 자료)가 없었으므로 성실하게 작성한 프로필로 호스트를 설득하는 수밖에 없었다. 여행을 시작한 이유, 원하는 여행의 모습, 자신이 여행을 통해 찾고 싶은 것 등을 꼼꼼하게 적어넣었다. 그런 과정을 통해 처음으로 '게스트'가 될 수 있었다.

현지인들과 함께하는 여행을 위한 카우치서핑

카우치서핑 여행을 터키에서 시작한 것은 훌륭한 선택이었다. 우리가 터키를 그렇게 부르듯이 터키인들 역시 한국을 '형제의 나라'로 여기며 호감을 가지고 있었다. 게다가 이꽃송이가 만난 터키인들은 친절하고 경계심이 적었다. 자신이 여행을 떠나 있는 동안 원하는 만큼 머물면서 냉장고의 음식을 모두 먹어도 좋다며 열쇠를 맡긴 호스트도 있었다.

카우치서핑은 '현지인들과 함께하는 여행'을 기대했던 이꽃송이의 기대를 어느 정도 채워줬다. 터키에서 3주 동안 6개 도시를 여행하고 나서 불가리아에 도착했다. 그곳의 호스트는 대학교 기숙사에 살았다. 자신은 바닥에서 자고 이꽃송이에게 침대를 내주었다. 호스트와 함께 대학 광장에서, 불가리아인 친구들과 술을 마시고 놀았다. 그들만 아는 '핫 플레이스'에도 함께 갔다. 헝가리에서 만난 호스트는 여행을 하다 만나서 동거하는 커플이었다. 그들은 여행자가 많이 찾지 않는 지역에 모처럼 찾아온 손님을 무척 반갑게 맞이했다. 굴라시를 비롯한 헝가리 전통 음식을 실컷 즐길 수 있었고 그 지역 사람들만 아는 온천에도 다녀왔다.

인터넷 사정이 좋지 않아 호스트가 귀한 쿠바에서도 운 좋게 잠자리를 얻었다. 헤밍웨이가 지내던 곳으로 유명한 코히마르에 호스트의 올드카를 타고 다녀왔다. 동양인을 만날 기회가 없는 동네여서 그랬을까, 호스트는 이꽃송이를 이웃들에게 소개했다. 얼마나 잘 얻어먹었는지, 사흘 머무는 동안 살이 꽤 쪘다. 에콰도르의 수도 키토에서는 굉장한 부잣집에 묵었다. 하우스키퍼가 따로 있을 정도였다. 가족 모두가 의사

카우치서핑 여행자의 마음

거나 간호사였다. 그 집의 아들과 딸은 온몸에 문신을 새기고 여기저기 피어싱을 하고 있었다.

"'한국에서는 의사나 간호사들이 문신을 잘 하지 않는데, 너희는 그래도 되는 모양이지?' 하고 물어봤어요. 그들은 문신을 새기고 말고 하는 것은 자신의 자유라고 대답했죠. 환자만 잘 돌보면 될 뿐, 문신 같은 건 아무도 신경 쓰지 않는다면서요. 그들로선 당연한 일이었겠지만, 제게는 그런 반응이 멋져 보였어요. 이런 것처럼 카우치서핑을 하는 동안 현지인들의 문화까지는 아니더라도 생각과 생활 방식 정도는 알게 되었어요."

이를테면 이슬람 문화권의 여성들은 그와 함께 사진을 찍을 때 꼭 히잡을 썼다. 그리고 함께 찍은 사진을 온라인에 게시하는 것을 허락하지 않았다. 집 안에서도 반바지나 민소매 옷을 입지 못하게 해서 어느 정도는 갖춰 입고 지내야만 했다. 또 아르헨티나에서는 빨대 하나를 모두가 공유하는 문화가 있어서, 마테차를 하나의 빨대로 마시자는 권유에 당황했지만 거절하지 못한 적도 있다. 한국에서 한국인으로서 살아오는 동안에는 너무나도 당연하다고 생각했던 일들이 다른 곳에서는 당연하지 않았다. 우리가 태어나고 자란 곳에서 체화된 태도와 습관, 생각, 취향 들이 새로운 문화 환경에서 지내는 데 걸림돌이 되어버린 느낌이었다.

낯설었다. 하지만 이 낯섦은 관광객들을 상대하느라 '세계'에 어느 정도 익숙해 있는 이들과 시간을 보내는 대신, 일상에 여행자를 불러들인 현지인들과 함께 지낸 덕분에 느낄 수 있는 감정이었다. 그들은 자기들의 도시에 새겨진 생활의 역사를 이꽃송이와 기꺼이 공유했다. 카우치서핑을 통해 여행을 할수록 또 다른 '낯섦'을 마주하는 데 익숙해졌다.

헝가리의 부다페스트에서 만난 호스트는 자신이 출근할 때 집을 함께 나서서 퇴근할 때 돌아오는 것을 게스트의 조건으로 내세웠다. 자신이 자리를 비운 동안 손님이 집 안에 있는 것이 싫었던 모양이었다. 호스트는 아침 7시에 출근해서 자정에야 귀가했다. 그 시간 동안 집 밖에 있어야만 했다. 호스트와 함께 집을 나서 혼자가 되자 이꽃송이는 자신의 앞에 놓인 시간이 길게만 느껴졌다. 피자와 맥주를 사서 공원에 갔다. 시간이 남아도니 공원에 있는 사람들의 행동을 유심히 관찰하게 되었다. 그들은 잔디밭에서 낮잠을 자고 자전거를 타거나 대화를 나누었다. 그들이 점심이나 저녁 시간을 즐기는 방법, 그들의 여유가 보이기 시작했다.

이렇게 시간이 넘쳐날 때가 많았고 그때마다 눈에 들어온 것은 보통 사람들의 삶이었다. 호스트들의 집은 유적지나 쇼핑가 혹은 관광객을 위해 만들어진 공간들 근처에 있는 경우가 드물었다. 말하자면 그들이 지내는 공간은 외부 사람들이 좀처럼 틈입하지 않던 곳이었다. 호스트들은 그런 곳에 낯선 이를 초대해 내밀한 모습을 흔쾌히 보여준다. 카우치서핑을 통해, 여행자들은 국가나 자본의 권력이 보여주고자 하는

곳으로 그들을 이끌던 인력에서 벗어난다. 그리고 날것으로서의 사람들의 삶을 접하며 유대감을 느끼게 되었다.

가난한 여행의 장점

그는 차를 출발시킨 이후로는 내게 거의 신경을 쓰지 않았다. 덕분에 내 지친 영혼은 잠시 쉴 수 있었다. 왜냐하면 히치하이크에서 가장 성가신 점 중 하나가 수많은 사람과 얘기를 함으로써 나를 태운 게 실수가 아니었음을 느끼게 하고, 심지어 그들의 기분을 좋게 해주기까지 해야 하는 것이기 때문이다. 특히 목적지까지 가면서 호텔에 묵을 계획이 없다면 이 모든 것은 굉장한 부담이 된다.[*]

카우치서핑으로 현지 사람들의 삶을 새삼스레 보게 되었다면 히치하이킹을 통해 낯선 지형과 풍경을 즐길 수 있었다. 히치하이커가 운전자에게 해줄 수 있는 보답은 지루하지 않게 하여 졸지 않게끔 돕는 것뿐이었다. 이꽃송이는 이동하는 내내 운전자를 즐겁게 하기 위해 이야기를 하고 노래를 불렀다. 그러는 동안, 돈을 내고 기차나 버스를 탔다면 자면서 흘려보내기가 예사였을 풍경들을 온전히 즐길 수 있었다.

---

[*] 잭 케루악, 『길 위에서 1』, 이만식 옮김, 민음사, 2009.

물론 히치하이킹은 고달팠다. 터키에서 처음 히치하이킹을 시도한 날의 긴장감은 아직도 기억에 남아 있다. 8차선쯤 돼 보이는 고속도로 초입이었다. 공책에 행선지를 적어서 들고 있노라니 온몸에 식은땀이 흘렀다. 운전자들의 시선이 느껴졌기 때문이다. 호기심 어린 눈으로 바라보며 지나가는 사람도 있었고 창문을 열고 휘파람을 부는 사람도 있었다. 어떤 곳에서는 차를 세우고 "Sex free?" 하고 묻는 운전자나 하의를 모두 벗은 채 차를 세우는 운전자도 만났다.

처음에는 힘들었지만 갈수록 요령이 생겼다. 운전자들의 시선을 끌려면 웃어야 했다. 차가 정말 안 잡힐 때는 춤까지 췄다. 그렇게 차를 얻어 타고 목적지에 도착했을 때는 큰 성취감이 느껴지곤 했다.

"구글 지도에서 소요 시간을 검색했을 때 차로 세 시간이 걸리는 거리라고 하면 히치하이킹으로는 여섯 시간, 그러니까 두 배 정도의 시간이 걸려요. 지도를 보며 목적지까지 가는 길을 확인한 뒤에 차가 잘 설 만한 곳을 체크해서 구간을 나누어 가곤 했죠. 목적지까지 한 번에 가는 경우는 정말 운이 좋은 거죠. 아프리카에서는 차를 가진 사람이 많지 않아서 더 힘들었고요. 그런데 동네를 거닐어보면 손가락에 열쇠고리를 끼우고 뱅글뱅글 돌리는 사람들이 있었어요. 차가 있다는 걸 자랑하는 거죠. 그런 친구들에게 일부러 말을 걸어서 얻어 타기도 했어요. 그렇게 해서 목적지에 도착하면 내가 무사히 여기까지 왔구나, 하는 생각이 가장 먼저 들곤 했습니다. 도전에 성공했다는 느낌이랄까요?"

　　그리스의 아테네에서 메테오라라는 도시로 이동하려는 날이었다. 가까스로 차를 잡아 올라탔다. 운전자는 이상한 느낌이 들 정도로 이꽃송이를 빤히 바라보며 운전했다. 부담스러운 시선을 견디기 어려워 차에서 내려야겠다고 생각할 때쯤, 운전자가 휴대전화의 번역기를 사용해 말을 건넸다. "너 정말 내 여동생 같다. 여동생 생각이 나서 너를 차에 태웠어." 마음이 조금 누그러졌다. 메테오라에 다다랐을 때에 운전자는 이꽃송이에게 배가 고픈지 물어봤다. 맛있는 음식을 대접받고 커피를 마시며 번역기를 사이에 두고 대화했다. "오늘은 나에게 정말 아름다운 날이야"라는 운전자의 말에 이유가 궁금했다. "오늘 너를 만나게 돼서 정말 기분이 좋거든. 네게 무척 감사해." 이꽃송이는 눈물이 날 것 같았다. 도움을 받은 쪽은 나인데, 이 사람이 내게 고맙다고 말하다니. 히치하이킹을 하며 만난 좋은 사람들에 대한 기억은 그 지역을 회상할 때 떠오르곤 하는 아름다운 풍경처럼 여전히 남아 있다.

　　아르헨티나의 남북을 잇는 5,000킬로미터 규모의 국도인 루타 40(Ruta 40)에서 히치하이킹을 할 때는 광활한 남미의 풍광을 만끽할 수 있었다. 비행기를 탔다면 절대 볼 수 없었을 경치였다. 하지만 워낙 먼 거리를 이동해야 했으므로 원하는 시간에 목적지에 도착하기가 힘들었다. 그래서 텐트를 가지고 다녔다. 늦은 시간에 길가에 내리게 되면 그 자리에

바로 텐트를 쳤다. 남미의 뾰족뾰족한 산과 쏟아질 듯한 별들. 그런 풍경들이 가난한 여행자의 마음을 풍족하게 채워줬다. 아프리카의 한 호숫가 마을에서 1주일 동안 지낼 때는 아침마다 마을의 아이들이 그의 텐트 앞에 망고를 잔뜩 쌓아놓았다. 마을에 온 손님을 대접하려는 것이었다. 가난한 방식의 여행이 아니었다면 경험하지 못했을 일들이었다.

텐트 없이 여행한 유럽에서는 히치하이킹이나 카우치서핑에 실패하면 노숙을 할 수밖에 없었다. 크로아티아의 스플리트에서 두브로브니크로 갈 때가 그랬다. 도로에 차가 정말 없었다. 도로를 따라 걷다가 겨우 차를 얻어 타고, 다시 걷다가 차를 얻어 타기를 반복하는 사이 해가 져버렸다. 지도를 확인해보니 가까운 곳에 해변이 있었다. 상점에서 감자칩과 맥주를 사 들고 그곳으로 향했다. 마침 해변에 선베드가 놓여 있어서 그 위에 침낭을 펼쳤다. 바닷물로 세수와 양치를 해야 했지만, 꽤나 낭만적인 밤이었다. 사위는 고요했고 오직 파도 소리만이 그의 귀를 밤새 간질였다. 하지만 대개 노숙은 그다지 달가운 일이 아니었다.

"어쩔 수 없이 노숙을 하게 될 때엔, 일단 주위를 둘러보고 가장 안전할 것 같은 공간을 찾아요. 사람들이 이곳만은 모를 것 같다, 아니면 여기에 있으면 위험한 상황에 처하더라도 도움을 구할 수 있겠다 싶은 곳이죠. 해변이야 노숙하기 가장 편한 축이고, 기차역 옆의 골목도 대개는 나쁘지 않아요. 얼마 전에 프랑스에서는 호텔과 카지노, 명품관 사이의 컴컴한 골목에서 잤어요. 버스를 타고 갈 수 있는 거리에 공항이 있다면 그곳으로 갑니다. 공항이야말로 정말 안전한 곳이니까요."

나체주의자를 만나다

카우치서핑과 히치하이킹의 공통점 중 하나는 어떤 사람이 어떤 의도로 호의를 베푸는지 미리 알 수 없다는 것이다. 특히 공급자와 중개자가 일치하지 않는 구조인 카우치서핑의 경우 온라인에서 확인한 정보만으로 공급자인 호스트에 대해 짐작할 수밖에 없게 된다.

이꽃송이가 모든 호스트를 신뢰해선 안 된다는 것을 깨달은 사건은 두 번째 카우치서핑 때 일어났다. 호스트는 칠십 대 남성 대학교수였다. 미국인 게스트와 이꽃송이가 함께 묵고 있었는데, 첫날 저녁 식사 후에 다 함께 마신 술이 거나해졌을 무렵이었다. 호스트가 "We are family!"를 외치며 그를 껴안았다. 그리고 귓불을 깨물었다. 당장이라도 집 밖으로 뛰쳐나가고 싶었지만 그럴 수 없었다. 시골의 외딴 집이었고 밖은 몹시 추웠기 때문이었다. 동이 트기를 기다렸다 도망치듯 집을 떠났다.

크로아티아에서 만난 호스트는 나체주의자였다. 호스트의 집에 들어서고 나서야 그 사실을 알았다. 호스트의 프로필에 소개된 집이 정말 예뻐서 꼭 한번 묵어보고 싶었다. 리퀘스트를 보내자마자 승낙을 받았을 때만 하더라도 별다른 의심이 들지 않았다. 다만 페이스북 메신저로 열렬하게 환영해주는 호스트의 반응에 어리둥절했을 뿐이었다. 호스트의 집은 프로필의 사진과 달랐다. 음침한 느낌도 들었다. 이꽃송이와 함께 집에 들어간 호스트는 속옷도 남기지 않고 발가벗었다.

"솔직히 좀 충격적이었어요. 한편으로는 '나체주의자를 실제로 보고 싶었는데 드디어 만나게 됐구나!' 하는 생각도 들었죠. 호스트는 발가벗은 채로 요리도 하고 대화도 하고 커피도 마셨어요. 대화를 나누다 보니 그가 무척 똑똑하다는 것이 느껴졌고 얘기도 잘 통했죠. 유머러스한 데다 음식도 맛있고, 모든 게 완벽하다고 생각했어요. 그런데 한 가지 아주 큰 단점이 있었습니다."

발가벗은 모습도 조금씩 익숙해져서 편안한 기분으로 대화하는 중이었다. 호스트의 손이 그 자신의 성기를 향했다. '남자들은 원래 자기 성기를 잘 만지니까' 하고 생각했다. 호스트의 행동도 아주 천연덕스러웠다. 표정의 변화도 없이 이야기를 하고 커피를 마시면서 자신의 성기를 쓰다듬었다. 그런데 점차 성기의 크기가 달라졌다. 숨소리도 조금씩 거칠어졌다. 수음을 하고 있는 것이었다. 그 모습이 자연스러워서, 이꽃송이는 '혹시 이상한 쪽은 내가 아닌가' 하는 생각까지 들었다. 지금 여기에서 도망치면 호스트가 정말 민망해지고 기분이 좋지 않으리라고 판단했다. 결국 포커페이스를 유지했다. 마치 호스트의 목 아래가 존재하지 않는 것처럼, 그 위만 생각하며 커피를 마시고 일상적인 이야기를 했다.

마침내 사정을 한 호스트가 감정을 추스른 뒤에 말했다. "이게 내 삶이야. 그리고 이건 내 일과 중의 큰 즐거움이고. 나는 네게 해를 끼치고 싶은 생각이 전혀 없어." 이꽃송이는 대답했다. "네 삶이니 네 뜻대로 해. 네 삶의 방식에 간섭하고 싶지 않아. 나에게 손만 대지 않는다면 문제없어." 호스트는 자신이 수음을 하는 모습을 견뎌줄 사람이 필요했고 이꽃송이에게는 쉴 곳이 필요했다. 서로의 필요가 충족되었다고 생각했다. 하지만 사흘쯤 지내다 보니 마치 자신이 정신병자가 된 것 같은 기분이 들었다. 결국 호스트에게 다음 행선지로 가겠다고 했다. 호스트는 자신의 인생을 존중받은 것 같아서 기뻤다는 인사를 건넸다.

'No'라고 말하세요

짐작하지 못한 일들은 때를 가리지 않고 벌어졌다. 터키에서 한국인 일행이 생겨 함께 여행할 때였다. 카우치서핑 호스트는 집 앞에 세워둔 캠핑밴에 이꽃송이와 그의 일행을 묵게 했다. 친절한 사람이었다. 한국에서 온 손님을 위해 김치와 소주를 사 와서 선물할 정도였다. 4일간 묵기로 했고 그 마지막 밤

카우치서핑 여행자의 마음

이꽃송이,

이었다. 호스트는 그들을 친구 집으로 초대했고, 함께 와인을 많이 마셨다. 술을 마시다 부엌에 다녀오던 이꽃송이는 호스트가 화장실에서 면도하는 모습을 봤다. 밤중에 면도를 하다니, 무언가 이상했다. 면도를 마치고 돌아온 호스트는 소파에 등을 기대고 앉아 한쪽 팔을 소파의 등받이에 걸치고 다른 팔로 자신의 어깨를 두드려 보였다. 자신에게 안기라는 요구였다. "뭐라고요? 제가 왜요?" 하고 물었지만 호스트는 느물거리는 웃음을 거두지 않았다.

함께 온천에 갔을 때 일행의 뺨에 입을 맞추던 호스트의 모습이 떠올랐다. 당황한 일행은 아무런 반응도 하지 못했다. 그 순간이 떠오르자 화가 치솟았다. 이꽃송이는 소리쳤다. "지금 뭐 하는 거죠? 우리는 이런 상황을 원하지 않아요. 지금 당장 나가겠어요!" 결국 그는 캠핑밴에 돌아가 짐을 싸고 새벽을 기다려 그곳을 떠났다.

히치하이킹을 할 때도 이런 일들이 벌어지곤 했다. 무려 400킬로미터를 이동해야 하는 날이었고 비가 많이 내렸다. 트럭의 엔진이 과열되지 않도록 휴게소에 들어섰을 때, 운전자가 난데없이 물었다. "섹스할래(Sex no problem)?" 이꽃송이는 대답했다. "아니, 절대 안 돼!(No! Big problem!)" 보통 때였다면 당장 다른 차를 찾아봤겠지만 그날은 비가 너무 많이 왔다. 운전자도 짐짓 쿨한 척하며 "알았어(Okay)" 하고 출발했다. 그런데 출발한 지 얼마 되지 않아 같은 질문을 반복했다. 이꽃송이는 달리는 차의 문을 열며 당장 차를 세우라고 외쳤다. 운전자는 당황하며 다시는 그런 말을 하지 않을 테니 문을 닫아달라고 했다.

"이런 사람들은 전에도 수동적인 상대를 만나서 목적을 달성했던 경험 때문에 그런 행동을 반복하는 게 아닌가 싶어요. 그렇기 때문에 우리는 수동적이 되어선 안 된다고 생각합니다. 거부는 확실하게 표시해야 해요. 저는 여행 도중에 일어나는 문제들을 보통은 웃으면서 해결하지만 단호해야 할 때엔 정말 단호하게, '개처럼' 싸우곤 했어요. 그러지 않으면 다음 여행자에게 간접적으로 피해를 주게 될지도 모르니까요."

이렇게 예상치 못한 일들이 자꾸 일어나자 그는 아르마딜로처럼 몸을 옹송그리게 되었다. 유럽에서 만났던 한 운전자와의 기억은 아직도 그에게 미안한 마음을 불러일으킨다. 정말 즐거운 기분으로 이동하는 중이었다. 휴대전화의 번역기로 나눈 대화 덕분이었다. 운전자도 그 시간이 즐거웠는지, 이꽃송이를 가족들이 있는 집으로 초대했다. 하지만 이꽃송이에게는 이전의 기억들이 먼저 떠올라 초대를 거절했다. 그런데 휴대전화의 지도를 살피던 이꽃송이는 목적지와 다른 방향으로 가고 있는 것을 알게 되었다. 덜컥 겁이 났다. "왜 다른 길로 가고 있죠?" 당황한 것은 운전자도 마찬가지였다. "너, 우리 집에 함께 간다고 하지 않았어?" 번역기가 제 기능을 다하지 못한 탓이었다. 겁이 난 이꽃송이는 자신이 원래

가야 할 곳에 내려야만 한다고 완강히 주장했고, 결국 운전자는 차를 돌려 길이 갈렸던 곳으로 돌아갔다. 오해가 있었다는 것을 뒤늦게 안 이꽃송이는 죄를 지은 기분이 들었다.

지금은 이 운전자와 SNS로 메시지를 주고받고 영상통화도 하지만, 그때의 두려움은 어쩔 수 없는 것이었다. 불쾌한 경험이 반복되면 여행자는 위축될 수밖에 없다. 심하면 아무런 일도 시도하지 못하게 되기도 한다. 그렇기 때문에 길 위에서 만나는 이들이 기본적으로는 좋은 사람이라는 믿음이, 적어도 여행 중에는 필요했다. 이와 동시에 부당한 상황에 대응할 만한 힘이 필요하다는 것도 이꽃송이는 느꼈다.

언어는 여행자의 무기

여행을 통해 세 개의 언어를 익혔다. 일본어와 영어, 그리고 스페인어. 카우치서핑으로 여행하겠다고 결심한 이유 중 하나도 영어를 익히기 위해서였다. 처음 여행을 시작할 때만 해도 영어를 '전혀'라고 할 정도로 못했다. 카우치서핑 첫 번째 호스트의 집에 머물 때는 영어를 못해서 호스트의 말에 표정이나 몸짓으로만 반응할 수밖에 없었다. 독일 뮌헨에서 만난 한 호스트는 오십대의 까다로운 남자였고, 네오나치였다. 호스트는 이꽃송이가 북한 사람일 것이라 생각하고 리퀘스트를 수락했지만 남한에서 왔다는 것을 알자 실망감을 감추지 않았다.

사흘 머무는 내내 한국 음식을 만들어달라고 요구하는가 하면, 남한 정부는 무능하고 자신은 북한을 좋아한다고 말하곤 했다. 거기에서 그치지 않고 네오나치인 자신의 사상에 이꽃송이가 동조하기를 강요했다. 그때까지만 해도 영어를 잘 못해서 웃는 얼굴로 고개를 끄덕일 뿐이었다. 하지만 그런 강요가 며칠씩이나 이어지자 견디기 힘들었다. 그는 숙박비 조로 얼마간의 돈을 호스트에게 쥐여주고 그 집을 떠났다.

적어도 여행을 하는 동안 외국어 능력은 권력이 될 수 있었다. 감정과 의사를 표현하려면 언어의 힘이 필요했다. 여행을 하면서 문법을 공부하기는 어려웠다. 그 대신 사람들의 억양과 제스처를 눈여겨봤다. 동의를 표현할 때 감탄사를 내뱉는 방식이나 어떤 말을 인용할 때 머리 양옆에 두 손가락을 까딱여 보이는 동작 같은 것들이었다. 느낌을 먼저 알고 외국어를 받아들이게 되었다. 카우치서핑을 하는 동안 한국인을 거의 만나지 못했으므로 외국어 문장으로 의사를 표현할 방법을 계속 구상해야만 했다. 게다가 말을 하지 않으면 문제가 해결되지 않을 상황이 끊임없이 일어났다. 사람들과 교감하기 위해서도, 엉터리 문장이나마 끊임없이 말하려고 시도해야 했다.

"저는 여행 내내 정말 열심히 웃었어요. 영어를 배울 때도 그랬죠. 올바른 영어 문장이 생각나지 않을 때 찡그린 표정을 짓는 것보다 웃는 얼굴로 엉터리 문장이나마 말하면 반응이 더 좋았어요. 영어 실력이 느는 데 웃음이 정말 큰 영향을 끼쳤다고 생각해요. 여행을 마치고 나서도 계속 연락하는 호스트들이 많은데, 그 친구들이 '네 웃음이 참 좋았어'라고 말하곤 해요. 그들이 제 웃는 모습을 기억한다는 것도 기분 좋은 일이더군요."

외국어 실력이 는 결정적인 계기는 아프리카에서 겪은 일이었다. 그곳에서 만난 어느 러시아인이 그의 영어 실력을 칭찬했다. "너 영어 되게 잘한다! 내가 만난 대개의 한국인들은 그렇지 않던데. 너 영어 어디에서 배웠어?" 그때부터 두려움이 사라졌다. 그러자 대화를 더 많이, 그리고 자신감 있게 하게 되었다. 외국어 실력이 느니까 파티에 가서도 더욱 잘 즐길 수 있었다. 기분이 좋거나 나쁠 때 감정을 표현할 수도 있었다. 자신의 의사를 상대방에게 정확하게 전달할 수 있게 된 것은 여행자로서 하나의 무기를 얻은 셈이었다. 이꽃송이는 더 이상 '수동적인 동양인 여행자'가 아니었다.

당연한 공짜는 없다

멕시코에는 집 전체를 10여 명의 게스트에게 내어주는 호스트도 있었다. 도미토리처럼 2층 침대들을 빼곡히 채우고 사람들을 재웠다. 저녁마다 게스트들과 각국의 음식을 만들어 먹었다. 호스텔과 비슷한 구조였지만, 카우치서핑을 통해 모인

카우치서핑 여행자의 마음

가난한 여행자들이라는 공감으로 그들은 더욱 친밀해졌다.

　카우치서핑 서비스의 초점은 '공짜'에 있지 않다. 누구라도 게스트가 될 수 있고, 그는 다시 호스트가 되어 잠자리를 사람들과 공유할 수 있다. 이 서비스가 돌아가도록 하는 것은 '나눔과 베풂'의 정신이다. 이러한 정신이 지속되기 위해서는 몇 가지 유념할 것들이 있다고 이꽃송이는 말한다.

> "호스트의 집에 묵을 때 설거지를 정말 열심히 했어요. 호스트보다 먼저 집에 들어가면 청소를 해놓았고요. 호스트들은 '카우치서핑이 변질되고 있어. 호텔에 묵고 있는 것처럼 행동하는 사람들이 있거든. 그런 사람들을 자주 만나면 카우치서핑이 하기 싫어져' 하고 많이들 이야기해요. 호스트가 자신의 공간을 사람들에게 내어놓는 일이 절대로 당연하지 않다는 걸 잊어서는 안 된다고 생각해요."

　호스트의 집을 떠날 때는 간단한 선물을 하곤 했다. 하루를 묵을 때는 한글로 쓰고 영어 번역을 덧붙인 엽서를 선물했다. 사흘 이상 묵을 때는 한국 음식을 만들어서 호스트에게 대접했고, 닷새 이상 머물 때는 윷놀이와 같은 한국 전통 놀이나 한국 노래, 한국어를 가르쳐줬다. 그리고 태극기를 가지고 다니면서 거기에 호스트들의 후기를 받기도 했다.

　이용자들이 서로를 평가하여 남기는 레퍼런스도 카우치서핑이 계속 유지되도록 하는 데 힘을 보탰다. 게스트들은 레퍼런스를 솔직하게 쓰는 편이어서, 리퀘스트를 보내기 전에 호스트에 대한 평가를 꼼꼼하게 읽으면 흠이 있는 호스트를 피할 수 있었다. 카우치서핑의 자체 정화 도구라 할 만했다.

카우치서핑을 통해 이용자들은 지역 거주자들이 직접 제공하는 자원을 사용함으로써 색다른 경험을 하게 된다. 이러한 경험들이 지속되기 위해서는 신뢰가 필요하다. 그리고 그 신뢰는 이용자와 호스트 모두에게 필요하다는 점을 이꽃송이는 강조해 말한다.

삶의 무게는 배낭 하나로 족하다

여행을 마치고 돌아온 이꽃송이는 여행으로 돈벌이를 하지는 말아야겠다고 다짐했다. 여행은 여행으로 남겨두고 싶었다. 하지만 현실은 뜻과 달랐다. 공백 기간이 2년이나 되는 33세, 게다가 전문직이나 기술직도 아니었던 사람이 다시 일자리를 구하기란 쉽지 않았다. 다짐은 순식간에 무너졌다. 결국 그가 할 수 있는 일은 그동안 숨 쉬듯이 해오던 여행뿐이었다.

이꽃송이는 지금 여행 인솔자로 일하고 있다. 여행자들과 전체 일정을 함께하며 여행지를 설명하는 가이드와는 달리, 인솔자는 이동과 숙소 체크인 등을 돕는 가장 기본적인 업무를 한다. 말하자면 여행자의 불편을 해소해주는 일을 하는 것이다. 이 일을 시작하는 것도 쉽지 않았다. 그가 내세울 만한 경력이라곤 여행밖에 없었는데 여행사는 대졸 학력과 어학시험 점수를 요구했다. 여행 인솔자가 되는 데에 4년제 대학 졸업증과 어학시험 점수가 도대체 왜 필요한지 이해하기 어려웠다. 어느 면접 자리에서는 그에게 직접 어학시험 점수를 물어보기도 했다. 그는 대답했다. "그런 것 없이도 영어 잘하는데요?" 면접관이 영어로 하는 질문에 유창하게 대답하고 나니 오히려 그 여행사와 일하기 싫어졌다.

결국은 프리랜서로 일하게 되었다. 여행사에서 몇 개의 여행 일정을 보내주면 자신에게 맞는 것을 선택해 여행자들을 인솔한다. 그가 여행한 곳에서 느꼈던 것들을 다른 여행자와 공유하고 싶어서 시작한 일이었지만, 여행 인솔자로서의 실무는 결코 즐겁지 않았다. 무엇보다 인솔자를 업신여기는 사람이 많았다. 새벽 깊은 시간에 그를 불러내 온갖 문제를 해결해내라는 사람도 있었고, 무시하거나 희롱하는 사람은 더 많았다. 악덕 여행사도 많았다. 어떤 식으로든 경비를 줄여서 이익을 얻으려는 경영자들 탓에 골치가 쑤시곤 했다.

지금 일하는 여행사는 세계여행을 함께 했던 부부가 운영한다. 그들이 생각하기에 어떤 여행지를 가장 잘 인솔할 것 같은 여행자에게 투어 프로그램을 맡긴다. 인터뷰 직전에 이꽃송이는 이 여행사에서 모객한 젊은 손님들을 인솔하여 쿠바와 멕시코를 여행했다. 이번 손님들은 이꽃송이만 알고 있던 장소로 인솔하면 "여기에 데려와줘서 너무 고맙다"라고 말하는 사람들이었다. 원하던 일을 하고 있다는 생각이 처음

카우치서핑 여행자의 마음

으로 들었다. 몇 년쯤은 더 일할 수 있을 것 같았다.

이꽃송이는 돈이 전부인 듯이 일하며 이십대를 모두 보냈다. 하지만 지금은 여러모로 욕심이 없어졌다고 말한다. 여행을 통해 여유를 알게 되었고, 어떻게 하면 행복해지는지 알게 되었다는 것이다. 여행을 떠나기 전에는 돈이나 학벌 따위가 행복을 만들어낸다고 생각했다면 이제는 자기 자신만이 행복을 만들 수 있다고 믿는다. 조금 조심스럽게, 그는 죽음에 초연해졌다고까지 말한다. 여행을 하는 동안 죽을 뻔한 일도 적잖이 겪었다. 하지만 적어도 여행할 때는 오늘 하루를 후회 없이 살았다는 느낌을 항상 받았다. 내일 죽더라도 오늘을 충실히 살자고 생각하게 되었다. 마지막으로 "띵언(명언)"을 하나 남기고 싶다며 그는 이렇게 말했다.

"삶의 무게는 배낭 하나로 족하다고 생각해요. 저는 3년 차 여행자이고, 지금은 배낭 하나에 제 모든 것이 들어 있어요. 그런데 여행을 할수록 배낭의 무게가 줄어들더라고요. 필요한 것만 가지고 다니게 되니까요. 욕심을 부리면 부릴수록 배낭이 무거워지죠. 그러다 보면 걸음이 무거워지고 짜증도 나요. 제 배낭이 가벼워질수록 삶의 무게가 가벼워진다고 느꼈어요. 자신이 어떻게 생각하느냐에 따라 삶의 만족도가 달라지는 것 같아요."

이꽃송이는 자신의 삶을 통해 스스로가 남긴 '명언'이 사실이라는 것을 보여준다. 그는 볼리비아의 우유니에서 소매치기를 당해, 사진들이 모두 저장된 메모리카드를 잃어버렸다. 그때엔 며칠 앓아누울 정도로 속상했다. 그러나 지금이라면 '어쩔 수 없지' 하고 말 것이라고 한다. 보고 느낀 것들이 자신의 머리와 마음속에 남아 있다고 생각하기 때문이다.

우리는 소비의 결과로 물질적인 무엇인가를 가지는 데 익숙하다. 하지만 여행을 통해 얻는 특별한 경험들은 돈으로는 살 수 없는 것일뿐더러 형체도 없다. 삶의 경험을 소비하는 일은 물질적 소비와 다른 측면에서 우리에게 행복을 안겨주는 것이다. 이꽃송이는 '특별한 나'를 만드는 방법을 여행을 통해 깨달았다. 그는 자신만이 가진 경험으로 스스로를 정의함으로써 '타인과 비교할 필요가 없는 나'를 얻었다. 여행이 그를 고유한 존재로 만든 것이다.

김수현, 여행 잡지 기자의 마음

스마트폰으로 어디에서건 인터넷에 접근할 수 있는 세상이 되기 전의 얘기다. 당시의 게스트하우스에는 '정보노트'라는 것이 놓여 있었다. 론리플래닛 영문판 외에는 마땅한 가이드북도 없던, 시리아나 요르단 같은 나라에서 특히 그랬다. 정보노트에는 그곳을 먼저 다녀간 여행자들이 손수 그린 약도를 중심으로 온갖 여행 정보들이 기록되어 있었다. 막연한 기분으로 낯선 도시에 찾아든 여행자에게는 그곳을 어떻게 여행하면 좋을지 실마리를 주는, 믿을 만한 발자국 같은 자료였다. 하지만 이제 여행 정보들은 유튜브나 블로그 같은 온라인으로 자리를 옮겼다. 아직까지 정보노트가 남아 있는 곳이라면, 인터넷 사용이 완전하게 개방되지 않은 쿠바 같은 곳들의 숙소 정도일 것이다. 인터넷이 밀어낸 것은 정보노트뿐만이 아니다.

"매체는 광고 시장의 영향을 받을 수밖에 없어요. 광고 시장이 전통적인 매체에서 새로운 매체로 눈을 돌리게 된 것이 여행 잡지사가 처한 슬픈 현실의 가장 큰 원인이 아닐까 생각합니다. 지금 일하고 있는 마케팅 회사에서 회의 때 '여행 잡지와 함께 프로젝트를 진행해볼까요?' 하는 제안을 해봐도, 잡지는 이제 영향력이 약하다는 대답이 돌아오는 게 현실이에요. 여행 잡지 기자로 일했던 입장에서는 마음이 아프죠."

김수현은 7년 동안 두 군데의 여행 잡지사에서 기자로 일했다. 누구나 그 이름을 알 만한 곳들이었다. 여행 잡지 업계에서 그쯤 일하면 차석 기자가 되거나 일을 그만두고 프리랜서 여행작가가 되는 경우가 많다. 하지만 그는 다른 길을 택했다. 기자로 일하는 동안 글로 구성되는 콘텐츠를 주로 만들어왔다면, 이제는 시대의 변화에 맞춰 SNS 콘텐츠나 웹상의 광고로 여행 정보를 제공하고 싶어진 것이었다. 김수현은 지금 여행 관련 마케팅 기획을 하고 있다. 다시 여행기자로 돌아가지는 않으리라고 말한다. 하지만 만약 다시 태어난다면 인생에 한 번쯤은 반드시 여행기자로 일할 것이라고 덧붙인다. 갓 전직한 그의 이야기에는 거리낌이나 숨김이 없었다. 그러나 그것이 여행 잡지 업계의 치부를 드러내는 일로 느껴지지 않은 것은 옛 직업에 대한 그의 애정 탓이었을 터였다.

업무 사이클

여행을 좋아하는 이들에게 여행기자라는 직업은 선망의 대상이 되곤 한다. 자기 돈을 들이지 않고도 마음껏 여행하는 일로 여겨지기 때문일 것이다. 물론 김수현도 여행기자로 일하는 동안 여행을 적잖이 했다. 한 달에 세 번이나 해외 출장을 떠난 적도 있을 정도니까. 이쯤 들으면 처음부터 여행을 좋아하던 사람들만이 여행기자가 된다고 지레짐작하기 쉽다. 그러나 김수현은 본디 여행에 큰 관심이 없었다. 기자가 되기 전에 해외여행이라면 단 두 차례 떠난 것이 전부였다. 그가 한 대부분의 여행은 기자로서 다녀온 것이다. 레비스트로스는 "나는 여행이란 것을 싫어하며, 또 탐험가들도 싫어한다"라는 문장으로 『슬픈 열대』를 시작한다. 하지만 바로 뒤이어 "그러면서도 지금 나는 나의 여행기를 쓸 준비를 하고 있다"라고 적었던 것처럼, 김수현은 여행기자가 되어 숱한 여행지를 독자에게 소개하게 된다.

"보통은 여행을 좋아하는 사람이 여행기자 일을 오래 할 수 있는 것 같아요. 여행을 좋아하지 않는다면 너무 힘이 드는 일이니까요. 한 달에 적어도 일주일에서 열흘가량은 출장을 하고, 연달아 밤을 새우는 마감이 뒤따르죠. 그걸 열두 번 반복하면 1년이 금세 지나요. 생활 패턴이 보통과는 달라서, 친구도 많이 잃을 정도였어요."

매달 20일 무렵 마감을 한다. 하루쯤 쉬고 나서 다음 호를 만들기 위한 업무 사이클을 시작한다. 기사를 쓰려면 밑그림이 필요하므로 사흘에서 닷새 정도는 기획에 힘을 쏟는다. 새로운 기획이 채 끝나기도 전에, 한두 달 전에 해둔 기획을 바탕 삼아 출장을 떠난다. 출장을 다녀와서 매달 10~13일이 되기 전까지 개략적인 기사를 써두고 다음 달에 이어질 취재를 준비하는 등의 잡다한 일을 마치고 나면, 마감인 20일까지 야근이 이어진다. 새벽 서너 시까지 일하는 날이 많고 주말의 휴식도 사치스러운 이야기가 되는 기간이다.

업무 사이클의 시작인 기획 단계에는 어디로 갈지, 그 곳에서 무엇을 취재할지를 결정한다. 현장에서 확인할 것들을 정해두어야 기사의 콘셉트가 명확해지므로 이 작업은 매우 중요하다. 기획은 항공사나 해외 관광청 등에서 제공하는 '팸투어'에 의한 것과 잡지사에서 직접 준비하는 것으로 나뉜다. 팸투어는 항공사나 관광청 측에서 알리고 싶은 것이 있을 때 블로거나 유튜버 등의 인플루언서 또는 여행기자 들을 초청해서 떠나는 여행이다. 항공사에서는 새로운 서비스나 시스템을 마련했을 때, 또는 신규 노선 취항을 알리고 싶을 때 팸투어를 한다. 한편 관광청에서는 새로 생긴 랜드마크를 알리거나 축제를 포함하여 그 지역에서 경험할 수 있는 것들을 소개해야 할 때 팸투어를 한다. 하지만 여행 잡지의 영향력이 줄어감에 따라, 팸투어의 대상이 블로거와 유튜버 들로 점차 옮겨 갔다. 이용자들이 정보를 얻는 경로가 점점 변해가고 있는 것이다.

유행은 만들어진다

김수현에게 가장 묻고 싶었던 것은 잡지에 소개할 여행지를 선택할 때 미치는 힘들이었다. 우리는 정말로 스스로가 원하는 곳을 여행하는 것인가. 여행지로서의 어떤 '장소'가 있다는 사실을 알지 못한다면, 그곳을 욕망할 수도 없다. 그런 의미에서 선택지로서의 장소는 이미 주어져 있는지도 모른다. 그렇다면 그 선택지는 누가 결정하는 것일까.

"사실을 이야기하자면 관광청이나 항공사의 지원이 아예 없는 곳은 취재하기 힘들어요. 잡지사 측에서도 물론 진행비를 어느 정도 부담합니다. 하지만 기자 한 명과 포토그래퍼 한 명이 취재를 떠나야 한다면 아무래도 관광청이나 항공사에서 이 인원의 항공권, 숙박 등을 지원해주는 곳으로 먼저 가게 되죠. 예산을 예로 들었지만, 그것뿐만 아니라 전반적인 지원이 문제가 돼요."

독자의 반응을 점검하고 의견을 묻는 엽서는 독자들이 알고 싶어 하는 여행지의 이름이 적혀 돌아오곤 했다. 아직까지 많은 여행자가 찾지 않는 오지를 궁금해하는 독자도 있었다. 하지만 그곳의 관광청에서 제안해오기 전까지는 취재가 힘들었다. 관광청과의 협의가 전제되어야만 진행되는 일들이 많았기 때문이다. 이를테면 잡지에 실을 사진의 촬영 허가를 받는 일 따위다. 결국 한국을 마케팅 타깃으로 설정하지 않아 진행에 협조하지 않거나 예산을 지원하지 않는 경우에는 취재가 힘든 것이 현실이었다.

관광청이나 항공사뿐만 아니라 여행사도 소개할 여행지 선정에 영향을 끼쳤다. 여행사는 여행 상품이나 자원을 홍보할 목적으로 팸투어를 진행했다. 여행사는 여행 상품이나 협

김수현,

업하는 호텔이 잠재적인 이용자들에게 노출됨으로써 이익을
본다.

　　같은 올드미디어라지만 텔레비전은 잡지보다 더 많은
자본을 갖췄고 더 많은 사람들이 보는 매체다. 그래서 텔레
비전에 소개되는 여행지도 잡지의 취재 대상이 된다. '꽃보다
할배'들이 여행한 뒤로 대만이 새로이 주목받았던 것처럼, 시
청자들이 관심 갖게 된 지역에 대한 후속 기사가 나올 때도
있다.

**"유행은 만들어질 수밖에 없어요. 관광청이나 항공사에서 한국
인 여행자들에게 관심을 갖고 마케팅 타깃으로 삼지 않으면, 한
국에서 유행이 만들어지기란 힘듭니다."**

　　물론 가끔은 그렇지 않은 경우도 있었다. 포르투갈이 그
러했다. 여행기자 사이에서 취재해보고 싶다는 이야기가 처
음 나왔을 때만 해도 포르투갈은 물음표가 남은 곳이었다. 한
번도 취재해보지 않은 기자가 많았다. 그런데 언제부터인가
사람들이 포르투갈에 눈길을 주기 시작했다. 많은 이들이 여
행하던 스페인 옆으로까지 여행자들이 시야를 넓힌 것이었
다. 포르투갈을 찾는 한국인이 점차 늘자 포르투갈에서 한국
이라는 시장을 발견하고 마케팅을 시작했다. 새로운 유행이
만들어지는 순간이었다.

　　잡지에 소개되는 여행지가 온전히 매체 외부의 영향으

로만 결정되는 것은 아니다. 여행 잡지를 만드는 사람들 역시 새로운 여행지를 소개하기 위해 노력한다.

"꼭 취재해보고 싶다는 마음이 드는 곳들이 있어요. 그럴 때는 현지의 관광청이나 여행사에 연락해서 잡지사를 소개한 뒤, 그곳의 문화와 관광지를 잡지에 싣고 싶은데 촬영 허가를 받아주고 취재를 지원해줄 수 있는지 문의해요. 잡지사가 직접 기획하는 대부분의 취재는 이렇게 진행되죠. 여행 잡지를 만드는 사람이라면, 독자들에게 신선하게 느껴질 곳을 소개하고 싶어 해요. 그러기 위해 월 단위의 기획뿐만 아니라 연 단위의 기획도 같이 합니다. 연 단위의 기획에 따라 여러 달에 거쳐 사전 작업을 하는 거죠. 특정 나라를 여행하는 상품을 취급하는 여행사를 찾아 계속 연락하는 식으로요."

팸투어에 의한 기사가 대체로 주최 측의 의도 위주로 작성된다면, 기획 취재에 의한 기사는 기자가 바라보는 관광지의 특성과 차별성에 중점을 두어 작성된다. 팸투어와 기획 취재의 비율은 반반 정도가 된다.

기자는 질문하는 사람

잡지사에는 투고도 적지 않았다. 자신이 쓴 여행기를 잡지에 싣고 싶다는 메일들이었다. 참신한 여행기가 잡지에 실리는 경우도 간혹 있었지만, 대개는 전문 기자가 취재해서 쓴 기사와 결이 달라 반려되었다.

> "투고 원고들은 정보가 적고 감상이 중심인 경우가 많았습니다. 그러한 원고들이 어떤 공간의 인상만을 러프하게 다룬다면, 기자는 그 공간을 누가 만들었고 어떤 의미가 있는지를 비롯해서 더 많은 정보와 인문학적 맥락을 원고에 담아야만 해요."

기사는 단순히 여행을 다녀왔다고 쓸 수 있는 것이 아니다. 그는 무엇보다 기획이 중요하다고 말한다. 조사를 많이 해두어야 현지에서 무엇에 중점을 두어 취재할지 정할 수 있었다("조사를 안 한다면 기자가 아니죠."). 정보 없이 취재를 떠나면 "예쁘구나!" 감탄하는 것에 그칠 수밖에 없었다. 어느 정도 배경지식이 있어야 질문도 할 수 있었다.

> "일반 여행자와 기자의 차이가 있다면, 기자는 질문을 한다는 점일 거예요. 기자는 늘 궁금하죠. 독자에게 정확한 정보를 전달해야 하니까요. 질문을 하려면 그만큼 조사를 많이 해야 돼요. 기획은 시간 단위로 동선을 짜는 일에 그치지 않습니다. 기사의 콘셉트를 세밀하게 잡아두지 않으면 한정된 시간을 낭비하게 되니까요."

하지만 취재는 늘 계획한 대로 진행되지만은 않았다. 준비한 일정이 뒤틀어지는 일이 이따금 벌어졌다. 주로 날씨 때문이었다. 그럴 때면 취재를 준비하는 데 쓴 수많은 시간이 삽시간에 무너져 내리는 심정이다. 지면을 채우기 위해서는 뭐라도 해야겠지만, 아이디어가 한순간에 나오는 것은 아니었다. 현지인들에게 물어서라도 다른 취재거리를 찾아야 했다. 기자가 되고 얼마 지나지 않았을 때는 스케줄대로 일이 진행되지 않을 때 받는 스트레스가 정말 컸다.

남태평양의 휴양지 타히티로 출장을 갔을 때가 그랬다. 섬을 취재할 계획이었지만 폭우 탓으로 배가 떠날 수 없었다. 현지 관광청 담당자는 근무 시간을 칼같이 지켜서 연락이 닿지 않았다. 준비해둔 기획의 많은 부분을 섬에서의 투어가 차지했으므로 막막해졌다. 타히티 도심은 그다지 매력적이지는 않아 보여서 취재할 계획이 없었지만, 당장 갈 수 있는 곳은 도심뿐이었다. 호텔 컨시어지 근무자에게 문의해, 현지인들이 가는 상가를 비롯해 시내 여기저기를 둘러보니 새로운 콘텐츠가 나왔다. 해결이 되긴 했지만 이처럼 돌발 상황에서도 곧바로 발 내디딜 곳을 찾아야만 하는 일은 압박이 심했다.

압박감을 주는 것은 그뿐만이 아니었다. 여행 일정을 융통성 있게 조율할 수 있는 여행자와 달리, 기자는 취재에 쓸 시간과 한 장소에 머물 시간이 정해져 있다. 그 시간 안에 최대한 많은 기삿거리를 뽑아내야만 했다. 하이에나가 된 느낌까지 들 정도였다. 어디를 가건 여행지를 감상하기보다는 어떤 사진을 찍어야 할지, 무엇이 중요한지 생각해야 했다. 가이드의 설명 하나, 현지인의 표정 하나 놓칠 수 없었다. 어디까지나 여행이 아니라 취재였다. 취재는 여행기자를 선망하는 이들의 생각만큼 우아하거나 낭만적이지 않았다.

김수현은 여행기자라면 멀티플레이어가 되어야 한다고 말한다. 우선 원하는 정보를 얻기 위한 소통 능력을 갖춰야 한다. 늘 포토그래퍼가 동행하는 것도 아니므로 사진도 찍을 줄 알아야 한다. 호기심도 많아야 하는데, 맛있는 것이나 예쁜 것이 아니라 그 지역에서만 느끼거나 경험할 수 있는 것에 대한 호기심이어야 한다. 그리고 취재한 내용을 독자에게 더 잘 전달할 방법을 끊임없이 연구해야 한다.

독자에 대한 책임감 역시 중요하다. 취재는 기사 작성을 전제로 한다. 그리고 독자는 불특정 다수였다. 그러므로 모든 대상을 편견 없이, 열린 마음으로 대해야 했다. 채식을 하는 동료는 음식의 맛을 전하기 위해 취재를 할 때만큼은 신념을 잠시 내려두었다. 종교에 대한 편견도 버려야 했다. 종교를 특히 부각하여 지역을 홍보하려는 곳은 드물었다. 관광지로 알리려 할 때, 그들은 종교 전문지가 아닌 여행 잡지를 활용한다. 세 차례나 다녀온 이스라엘도 성지순례가 아닌 다른 측면을 보여주고 싶어 했다. 기자는 편견을 버려야 했다. 이스라엘을 성지순례지로 여기고 취재한다면, 그곳은 단지 성지로만 보일 것이었다.

기자의 책임감

탐험이라는 것이 이제는 '따로 독립된' 하나의 직업이 되어버렸다. 그러나 흔히들 생각하듯이 그것이 여러 해에 걸친 각고 끝에 미지의 상태로 있던 사실들을 밝혀내는 작업이 아니라, 먼 거리를 답파하여 사진 또는 영화를 되도록이면 천연색으로 끌어모아다가 며칠을 두고 연달아 청중을 가득히 끌어모아 강연만 하면 되는 직업으로 화한 것이다. 청중들에게는 진부하고 평범한 사실들도, 그 연사가 (청중을 대신하여) 2만 킬로미터나 되는 현장을 주파하여 성화(聖化)시켜놓는 덕분에 매우 놀랄 만하게 새로운 사실로 변모되어 비칠 수 있기 때문이다.[*]

여행을 하다 보면 레비스트로스가 비판하는 '탐험가'의 행태를 보이는 이들을 심심찮게 만나게 된다. 그들은 '천연색으로' 끌어모은, 일견 이국적인 이미지를 온라인에 전시하는 데에 몰두한다. 티티카카 호수에 접한 마을 코파카바나를 검색해보라. 블로거고 유튜버고 할 것 없이 한결같이 '12번 포차'의 트루차(송어) 요리를 소개한다. 태양의 섬(Isla del sol)으로 가는 선착장 주변에는 십수 개의 간이식당이 있고, 각각의 식당을 구별하기 위한 번호가 붙어 있다. 그중 12번을 붙인

---

[*] 클로드 레비-스트로스, 『슬픈 열대』, 박옥줄 옮김, 한길사, 1998.

곳이 한국인들에게 인기를 끌었다. 그리고 그 간이식당에는 한글 메뉴판까지 나붙었다. 여행자들이 그곳에 늘어선 간이식당을 모두 가보았을 리는 만무하다. 누군가 우연히 들러 인터넷에 올린 정보가 재생산되면서 12번 포차가 가장 맛있다는 편견이 강화되었을 것이다. 12번 포차는 손쉽게 최고의 지위를 획득한다. 이 과정에는 어떠한 책임감도 작용하지 않는다. 단지 자신의 여행을 최고의 것으로 돋보이게 하려는 욕망만이 존재할 뿐이다. 이들과 비교한다면 정확한 정보를 전달하려는 기자들의 노력을 이해할 수 있을 것이다.

김수현은 기자로서 여행할 때 경험의 폭이 넓기 때문에 더 양질의 정보를 전달할 수 있다고 말한다. 잡지사의 기획으로 시카고를 취재할 때는 야구 경기장을 찾았다. 입석 티켓으로 입장한 김수현과 포토그래퍼가 무언가를 메모하고 촬영하는 것을 본 안내요원은, 그들이 한국에서 온 저널리스트라는 것을 알고 부랴부랴 간이의자를 내주고 자리를 만들어줬다. 경기가 끝나고 관람이 재미있었는지 물어보는 스태프, 시카고 컵스의 로고가 새겨진 스티커를 건네는 할아버지를 만난 일들은 모두 기사에 담겨 독자들에게 전달되었다.

"블로그나 인스타그램, 유튜브에서 보여줄 수 있는 콘텐츠와 잡지에서 보여줄 수 있는 콘텐츠는 확실히 다르다고 생각합니다. 예를 들어 페루에서 기차로 여행하는 법에 대한 발 빠른 정보는 인터넷에서 더 자세하게 찾을 수 있을지도 몰라요. 하지만 페루

에서의 기차 여행을 꿈꾸게 하는 것은 잡지와 같은 매체들의 역할이라고 생각해요. 정말로 그런 책임감을 갖고 일하냐고요? 물론이죠!"

무언가를 배우는 여행

출장을 마치고 사무실에 들어오면 가장 먼저 사진 파일들을 확인해서 잡지에 쓸 수 있는 것과 없는 것으로 나눈다. 그리고 기사의 콘셉트에 따라 시간과 날짜별로 분류하거나 공간별로 분류한다. 그 뒤에는 여행지에서 해둔 메모들을 정리한다. 급하게 쓰다 보니 정확하지 않고 선후도 섞여 있는 것을 하나의 문서로 만들어두는 작업이다. 이 자료들이 기초가 되어 기사 작성이 시작된다. 사진들은 메모에 담기지 않은 취재 내용을 떠올리는 데 도움이 된다. 에세이성 기사라면 내용은 조금 더 감성적인 느낌을 담고, 정보성 기사면 음식 문화나 공연, 여행 정보 등이 주가 된다. 애초에 기획 단계에서부터 기사의 성격을 정해두므로, 메모를 할 때도 작성할 기사의 성격을 염두에 둔다.

"취재를 하고 기사를 쓰는 동안에 여행이 좋아졌어요. 정확하게는 여행이 좋아졌다기보다는, 여행기자 일이 좋아졌죠. 같은 지역을 한 번은 일로, 한 번은 친구와 간 적이 있어요. 그런데 취재를 할 때가 훨씬 재미있었어요. 친구와 갔을 때는 그저 좋은 호텔에서 쉬고, 맛있는 음식을 먹고, 예쁜 곳에서 '내가 들어간' 사진을 찍는 게 다였는데, 출장을 가면 현지 사람을 만나서 이야기할 기회도 많이 생기고, 그러다 보면 그들만이 아는 장소와 그들의 취향, 어떤 것들이 유행하는지 알게 되더라고요. 친구와 여행을 할 때는 그 지역의 인문학적 배경을 궁금해할 기회가 없었지만, 취재를 하면서 그러한 점을 많이 알게 되니까 지식이 쌓이는 느낌도 있었고요. 남들이 하지 못하는 경험을 하고, 남들이 그냥 지나치는 것에서 지식을 얻는다는 점이 여행기자 일의 장점이 아닐까 생각합니다."

여행을 통해 얻고자 하는 바는 사람마다 다를 것이다. 김수현은 여행을 통해 무언가를 배우고 싶어 한다. 기자가 된 뒤로는 조금쯤 특별한 곳으로 휴가를 떠난다. 낯선 곳에 대한 거부감이 줄어든 것이었다. 아랍에미리트나 몬테네그로같이, 여행기자가 아니라면 생각이 미치지 못했을 곳을 선택하게 되었다. 그리고 그러한 여행은 자신이 원하는 모습으로 만들어가기 위해, 혼자인 경우가 많았다. 그곳에서의 여행은 정말 재미있었다. 취재를 할 때는 혼자 있는 시간이 거의 없지만, 휴가로 떠난 여행에서는 온전히 혼자의 시간을 누릴 수 있었다. 역설적으로 그곳의 사람들을 만날 기회는 늘어났다. 여행기자 경력 덕이랄까, 사람들과 대화를 시작하는 데에 스스럼이 없어졌다. 가이드를 직접 구해서 관람을 할 때도 하나라도 더 물어보곤 한다. 직업병처럼, 기사로 쓸 것도 아니면서 가이드의 이야기를 메모하고 있는 자신을 발견하게 되었다. 그는 어쩌면 기자 생활을 통해 인류학자처럼 여행하는 방법을 배운 것일지도 모르겠다.

팬데믹 이후의 여행

코로나19로 가장 큰 피해를 입은 산업을 꼽으라면 관광을 빼놓을 수 없다. 지금까지 잡지 기자로 일하는 김수현의 지인들은 광고가 줄어든 것을 실감한다고 한다. 해외로 취재를 떠날 수 없는 상황이 되자 여행 잡지는 언택트 여행지를 추천하거나 랜선으로 떠나는 의사(疑似) 여행을 소개하는 식의 기획 기사를 내보내고 있다. 이전에 모아둔 자료를 취합하여 쓰는 기사들도 많아졌다. 여행에 대한 사람들의 욕구는 터지기 직전까지 부풀어 오르고 있지만 이를 충족시키지 못하므로, 유행하는 소재들과 여행을 결합한—예컨대 MBTI별 추천 여행지라는 식의—콘텐츠가 생산되고 있다. 여행 산업이 언제 예전의 모습으로 돌아갈지는 장담할 수 없는 상황에서 여행 업계에서는 '버티는 쪽이 살아남는다'는 이야기가 흉흉하게 나돈다. 그 말마따나 상황이 더 장기화된다면 결국 탄탄하게 운영되어 자금이 여유로운 회사만이 남게 될 것이다. 부실하게 운영되어 여행자에게 피해를 입히는 여행사들도 없지 않았다는

것을 생각하면, 좀 더 나은 모습의 여행 산업이 되기 위해 하나의 관문을 거쳐 가는 중인지도 모른다. 하지만 팬데믹은 너무도 급작스럽게 벌어진 일이었다. 여행이 독서나 영화 감상처럼 일상적인 취미로 자리를 잡아가던 중에 벌어진 일이라서 김수현은 이 일이 더욱 안타깝다.

> "당분간은 여행에 대한 진입장벽이 높아질 거예요. 안전을 중시하는 사람들은 이 사태가 잠잠해질 때까지 여행을 기피할 테고요. 수요가 있어야 공급이 있기 마련인데 코로나19로 인한 변화 탓에 여행의 가격이 오르겠죠. 그러다 공급을 따라갈 수 없는 수요가 갑자기 발생한다면 여행 시장의 판도는 바뀔 겁니다. 여행을 많이 가던 사람들 가운데 일부는 이제는 여행을 쉽게 생각할 수 없게 될 거예요. 그리고 이전의 값싼 여행의 자리를 더 안전하고 질 높은 여행이 대신하리라 예상해요."

해외로 떠날 수 없자 반대급부로 국내 여행에 대한 수요가 늘고 있다. 팬데믹 초기만 해도 휴직하는 국내 호텔 직원들이 많았지만, 이제는 '호캉스'와 같이 외부와 격리된 휴식을 선호하면서 처음과는 사정이 달라졌다. 사람들은 예전에는 알지 못했던 새로운 장소들로 눈을 돌린다. 맛집만 찾아다니던 여행에서 벗어나 차박을 하거나 낯선 드라이브 코스를 달리는 식으로 '다른 방식의 여행'을 한다. 국내 여행을 소비하는 계층도 넓어져서 가족 단위뿐만 아니라 이십대들도 한국의 곳곳을 여행한다. 한국을 재발견함에 따라 당분간은 해외여행에 대한 수요는 줄고 국내의 '나만 알고 싶은 곳'에 대한 욕구가 많아질 것이라고 김수현은 예상한다.

　　더불어 여행은 점점 개별화되어갈 것이다. 단체 여행이나 패키지여행은 코로나19의 팬데믹 이전부터 내리막길을 걷고 있었다고 그는 전한다. 대중이 여행사를 더 이상 신뢰하지 않아 '여행사를 통해 예약을 하면 비쌀 것'이라고 생각하는 사람이 많아졌다. 여행 정보가 늘어나면서 더 싼 비용으로 여행하는 방법을 알게 된 사람들도 많았다. 그래서 여행사들은 단체 여행의 수익을 대신할 FIT(Foreign Independent Tour, 개인 자유 여행) 수요를 잡을 방법을 고민하던 시기였다. 새로운 플랫폼을 만들고 그 플랫폼을 사용하여 더 양질의 여행 상품을 모색하던 여행사들로서는 고민이 클 수밖에 없다. 하지만 코로나19가 해결되면 바로 여행을 떠나겠다고 작정한 사람들의 수도 적지 않다. 그래서 여행의 미래는 마냥 비관적이지만은 않다.

좋은 것을 권하고 싶은 마음

김수현은 여행기자로 일하는 동안 슬럼프를 겪기도 했다. 여행을 너무 자주 하다 보니 점점 감흥이 없어지는 시기가 찾아온 것이다. 1년에 한 번만 여행을 가는 사람이었다면 이 풍경이 얼마나 멋지게 느껴졌을까 생각했다. 하지만 1년에 적어도 열두 번은 여행을 하면서 여행이 일상처럼 느껴졌다. 오히려 집이 낯설 정도였다.

"때마침 스위스를 취재하게 되었어요. 엄청나게 드라마틱한 풍경은 아니었지만, 눈이 많이 쌓인 스위스의 풍경을 보다 문득 '이래서 여행을 하는구나' 하는 생각이 들었습니다. 여행을 통해서 인생에서 기억에 남는 풍경 하나쯤은 건지니까요. 여행기자가 된 덕에 이런 풍경을 보게 돼서 정말 다행이라는 생각을 했습니다."

잡지사에서 함께 일하던 그의 선배는 "공항 리무진을 탔을 때 더 이상 설레지 않는다면 여행을 그만해야 할 때"라고 말했다. 다행스럽게도 김수현에게는 그런 순간이 찾아오지는 않았다. 그래서 그는 여행 관련된 일을 그만둘 수가 없다. 여행업계에서 일하는 동안 그에게는 어떤 사명감이 생겼다. 기자로서 여행을 다룰 수도 있지만 기획자이자 마케터로서 사람들에게 얼마나 더 많은 여행지를 소개할 수 있을지 시험해보고도 싶었다. 여행기자로 일하면서 그가 얻은 것은 어쩌면 좋은 것을 권하고 싶은 마음일지도 모르겠다.

여행 잡지 기자의 마음

김지호, 장기 여행자의 마음

그는 좀처럼 웃지 않았다. 쿠바의 호세마르티 국제공항에서 처음 만났을 때도 그랬다. 택시비를 나눠 낼 동승자를 찾으려고 공항 입구를 서성이다 장기 여행자 특유의 기운을 내뿜는 동양인을 발견했다. 김지호였다. 그는 택시를 타기보다는 공항 바깥으로 나가 다른 교통편을 찾아보자고 제안했다. 중남미 여행의 막바지였고 돈을 아낄 방법이 있다면 마다할 이유가 없었으므로, 그와 함께 공항을 나와 버스나 기차가 다닐 만한 곳을 찾았다. 공항 바깥에는 카리브해의 기운을 담은 뜨거운 공기가 우리를 기다리고 있었고, 잘 정제되지 않은 석유로 달리는 쿠바의 낡은 차들이 대기 속으로 매연을 뿜었다. 갓길을 위태롭게 걷던 우리는 도로 아래쪽에 있는 콘크리트 구조물과 철로를 발견했다. 서로의 눈을 바라보며 동의를 구한 뒤, 비탈을 가로질러 그곳으로 향했다.

팻말만 덩그러니 있을 뿐 언제 기차가 도착할 것이라는 표지 하나 없는 플랫폼에서 우리는 팔을 늘어뜨리고 서 있었다. 볕은 여전히 뜨거웠고 기차는 올 기미가 보이지 않았다. 그가 커다란 배낭을 뒤적이더니 멕시코를 떠나기 전에 삶아두었다는 계란을 꺼내서 건넸다. 잘 그을린 얼굴 속에서 흰 이가 도드라졌다. 김지호의 웃음을 처음으로 본 순간이었다. 그 웃음은 그가 어떤 사람인지 단박에 알려주었다.

기차가 플랫폼에 들어섰다. 걱정했던 것만큼 오래 걸리지는 않았다. 부랴부랴 배낭을 걸머지고 기차에 뛰어오른 우리는 단돈 1쿡(1달러에 해당. 지금은 사용되지 않는다)씩을 내고 아바나

장기 여행자의 마음

시내로 들어설 수 있었다. 쿠바에서 머문 2주 동안 그와 나는 '플라야 라 에라두라'나 '올긴' 같은, 여행자들이 좀처럼 찾지 않는 쿠바의 구석진 곳들을 함께 헤매고 다녔다. 김지호는 쿠바 여행을 마치고도 중남미와 오세아니아 등지를 1년 남짓 더 여행한 뒤 귀국했다.

그를 다시 만난 것은 내가 스튜디오를 열고 몇 달이 지났을 때였다. 우산의 빗물을 털어내며 스튜디오에 들어선 그는 장발이 돼 있었으며 쿠바에서 만났을 때보다 더 검게 탄 얼굴에는 기미가 빼곡하게 들어앉아 있었다. 장기 여행자로 살았던 몇 년의 흔적이었다. 취업 준비를 시작하기 전에 지금의 모습을 사진으로 남기고 싶다는 그를 카메라 앞에 세워두고 셔터를 눌렀다.

여행을 위한 변명

그를 인터뷰이로 선정하고 영등포역 앞에서 다시 만났을 때는 머리를 단정하게 자른 모습이었다. 그 근처에서 고용노동부의 '취업 성공 패키지' 수업을 듣고 있다고 했다. 김지호는 대기업에서 임원으로 일하다 퇴직한 육십대 여행자를 네팔에서 만난 적이 있다. 그 여행자는 '삼십대에 들어서면 신입사원으로 취직하기 힘들 것'이라는 조언을 해줬다. 세상 돌아가는 이치를 모두 안다는 듯 말하는 이들의 오지랖으로 넘겨버릴 수도 있었겠지만, 이 말이 현실적으로 들렸다. 스물아홉 살

정도에는 귀국하여 취업 준비를 해야겠다고 생각했다.

그리고 100여 개 나라를 여행하는 사이 스물아홉이 되어버린 김지호는 정말로 취업 준비를 하고 있었다. 마음을 다잡고 취업 준비를 시작한 이에게 여행의 기억을 되짚게 하는 일은 어딘지 조심스러웠다. 하지만 여행 이야기를 하는 동안 그는 즐거워 보였다.

처음부터 그렇게 오래 여행할 계획은 아니었다. 학군사관후보생으로 대학교를 졸업하고 장교로 군 생활을 하는 동안 4,000만 원 정도를 모아두었다. 원래는 그 돈으로 유학을 떠날 생각이었지만, 전역할 무렵이 되자 준비할 시간이 아깝다는 생각이 들었다. 또래 친구들이 다들 다녀온 유럽 배낭여행 한번 못 가봤으니 '간단하게' 일본과 중국 정도는 다녀와도 되지 않을까 하는 생각도 들었다. 이 생각이 씨앗이 되어, 가고 싶은 여행지의 수가 눈덩이처럼 늘어갔다.

"제대할 무렵에 인터넷에서 에펠탑이니 타지마할이니 하는 이름난 여행지의 사진들이 담긴 광고를 봤어요. 그것을 들여다보는 동안 가고 싶은 곳이 하나씩 늘어났죠. 가까운 동남아도 가보고 싶어졌고 유럽도 안 가볼 수는 없겠고. 미국이나 브라질, 아르헨티나에도 가보고 싶어졌어요."

그래서 아시아와 유럽, 북미, 남미, 호주를 각각 몇 달씩, 총 1년 동안 여행하기로 마음먹었다. 여행하는 동안 영어를 사용할 테니 공부도 될 것이고, 1년쯤이라면 벌어둔 돈을 많이 쓸 것 같지도 않았다. 만약에 다 쓴다 하더라도 다시 벌면 되니까 딱 1년 정도만, 벌어둔 돈으로 여행을 떠나기로 한 것이다.

여행을 결심하고 나니 떠나도 되는 이유가 변명들처럼 떠올랐다. 군 생활까지 25년을 쉼 없이 지냈다. 곧장 유학을 가거나 직장을 얻는다면 쉴 틈 없는 삶이 계속될 것이었다. 체력이 좋을 때 여행을 해야겠다는 마음도 있었다. 또 중학생 때, 친구들이 모두 다녀온 일본 현장학습을 집안 형편 탓으로 가지 못했던 일도 떠올랐다. 이제는 벌어둔 돈도 있으니 1년을 마음껏 살아도 될 것 같았다.

장기 여행자가 겪는 일들

그렇게 여행을 시작했다. 어렸을 때 못 갔던 일본부터였다. 일본과 중국을 둘러보고 나니 처음에 아시아 여행으로 할당해둔 세 달 중 두 달이 지나 있었다. 그런데 남은 한 달의 시작으로 삼은 베트남에서 지갑을 잃어버렸다. 베트남 여행은 시작부터 좋지 않았다. 공항을 벗어나자마자, 흥정했던 것보다 훨씬 비싼 요금을 요구하는 택시 기사를 만난 것이었다. 도저히 용납할 수 없어서 공항으로 되돌아왔다. 겨우 호찌민 시내에 도착해 찾아든 숙소는 너무 싼 탓이었는지 오래 머물 생각이 들지 않는 곳이었다. 서둘러 북쪽으로 가기로 마음먹고 버스표를 샀다. 슬리핑 버스에서 푹 잘 생각으로 맥주를 마셨는데, 술이 과했던 모양이었다. 잠든 사이 지갑을 도둑맞은 것. 다음 여행지에서 쓸 돈까지 미리 인출해두어서 100만 원 정도가 들어 있는 지갑이었다. 체크카드도 지갑에 있었다.

막막했다. 한 버스를 탔던 대만 친구가 건네는 담배만 연거푸 피워 물었다. 진정이 되고 나서야 대사관에 전화할 정신이 들었다. 대사관 직원은 현지에서 봉사활동을 하는 한국인 가족을 연결해줬다. 한국에 있는 동생이 당장 쓸 돈을 송금해줄 때까지 사나흘 동안 그 집에 묵었다.

베트남에서 겪은 일은 사소한 축이었다. 여행 기간이 길었고 여행자가 많지 않은 곳들까지 둘러본 데다 돈을 아껴가며 여행한 탓에 위험한 일을 적지 않게 겪었다. 남아프리카공화국에서 겪은 일이 그랬다. 아프리카 대륙의 북쪽에서 남쪽까지 함께 여행했던 일행들을 남미로 떠나보내고 혼자 남은 그는 해안을 따라 남아프리카공화국을 둘러보고 싶었다. 그래서 로컬 버스로 여행을 시작했다.

도시의 외곽에서 버스를 갈아타야 할 일이 많았는데, 더반이라는 도시의 외곽에서였다. 버스를 갈아타기 위해 휴대전화로 지도를 확인하며 걷는 그를 깡마른 현지인 두 명이 쫓았다. 그들은 김지호를 따라잡아 어깨를 붙든 뒤 휴대전화를 좀 보자고 했고, 김지호는 휴대전화를 품 안으로 끌어당겼다. 그들은 김지호의 양팔을 잡으며 주머니를 뒤지려고 했다. 하

장기 여행자의 마음

김지호,

지만 김지호는 만일을 대비해 주머니의 지퍼를 모두 잠가두
곤 했다. 주머니가 잠겨 있자 그들도 당황했다. 김지호는 몸을
굴려 이동했다. 조금의 간격이 생겼지만 그들은 다시 김지호
에게 다가왔다. 한국어 욕이 마구 튀어나왔다. 다급한 상황에
서 감정을 표현할 방법이라고는 그것밖에 없었다. 이 장면을
본 누군가가 차를 멈춰 세우고 무슨 일이냐고 묻자 강도 둘은
도망치며 김지호가 미친 사람이라고 둘러댔다. 불행 중 다행
이랄까, 빼앗긴 것은 없었고 찰과상 정도만 입었다.

운이 나빴을 뿐

또 남미의 수리남에서는 이런 일도 있었다. 한 번에 여러 나
라를 여행하면 여행할 나라들의 화폐를 미리 마련해두기 힘
들다. 그래서 여러 방법으로 현지 화폐를 마련하는데, 암환전
도 그중 하나다. 중앙은행의 통제에서 벗어나 있는 만큼 아무
래도 환율이 조금이라도 유리하다는 장점이 있겠지만 그만큼
의 위험도 따른다. 환전소 주위에는 보통, 힙색을 허리춤에 드
리우고 어슬렁거리는 이들이 있다. 바로 암환전상들이다.

　　암환전상들은 은행이나 정식 환전소보다 유리한 환율을
제시하며 김지호를 꼬드겼다. 그들은 선 자리에서 환전을 해
줄 듯이, 돈을 얼마나 바꾸고 싶은지 보여달라고 했다. 김지호
가 건넨 돈을 세어본 암환전상 하나가 그를 옷 가게로 이끌었

다. 그곳에서 환전을 해주려나 보다, 생각하고 따라갔다. 암환전상은 가게에 걸린 옷들 사이에서 돈을 다시 세어보는 척하며 슬쩍 한 장을 챙겼다. 환전된 돈을 받고 가게 밖으로 나와 확인해본 뒤에야 그 사실을 깨달았다. 화가 나서 따지러 가는 김지호를 본 다른 현지인이 도와주겠노라고 나섰다. 그런데 그 사람도 한통속이었다. 도와주겠다며 해결비까지 받은 현지인이 "아 친구, 환전하러 왔다는데?" 하며 딴청을 부리는 것이었다. 가져간 돈을 돌려달라고 암환전상에게 따지자 가게 안에 있던 대여섯 사람이 김지호에게 되레 달려들었다. 경찰에게 도움을 청해보았지만 자기 관할이 아니라며 다른 경찰서의 위치를 알려줬다. 헛웃음이 나왔다.

여행지에서 겪는 이러한 불쾌한 일들로 여행자는 위축되기 쉽다. 그래서 여행을 망치기도 한다. 하지만 김지호는 말한다.

"웬만한 여행자들은 위험을 피하려고 택시를 타고 다니거나 공식 환전소를 사용하곤 하지만, 저는 돈을 아끼려고 다른 방법을 선택한 탓에 이런 일을 당했어요. 그러니까 운이 안 좋았다고 말하는 게 좋을 것 같아요. 새로운 경험을 했으니까 나쁘다고만 할 수는 없죠. 다만 겪은 일을 자신이 감당할 수 있는지 그렇지 않은지의 차이가 아닐까요?"

그의 말대로 운이 안 좋았을 뿐이다. 여행자가 여행지

에서 대하는 사람은 고작해야—어떠한 의도를 가졌건—여행자를 상대하는 것을 일로 삼은 이들이 많다. 그래서 가끔씩 "인도인은(혹은 쿠바인은) 여행자를 돈주머니로 보는 모양"이라는 식으로 말하는 이들을 만나면 의문이 들기도 한다. 잠시간의 여행을 통해 발견한 어떤 나라의 일면을 그 나라의 전부라고 믿고 편견을 갖는 것이 정당한 일일까. 이런 불쾌한 경험으로 생긴 충격을 그는 조금 엉뚱한 방법으로 극복해냈다.

> "요하네스버그에서 묵을 때였어요. 그곳도 치안이 좋지 않았죠. 제가 묵던 호스텔 직원들도 밤에는 밖으로 나가지 말라고 할 정도였으니까요. 그래도 저는 밖에 나가보았습니다. 아무것도 들지 않고서요. 다리 아래를 지날 때는 한두 명이 따라오는 듯도 했지만 결국 아무런 일도 일어나지 않았어요. 낮에는 선량해 보이는 사람들에게 괜히 말도 붙여봤고요. 그런 식으로 공포를 조금씩 이겨냈던 것 같아요. 만약에 제가 처음에 만났던 강도들이 흉기라도 들고 있었더라면 이렇게도 못 했겠죠."

돈을 아끼기 위해

김지호의 말대로, 그가 겪었던 위험들은 '돈을 아끼려고 다른 방법을 선택'한 탓에 맞닥뜨린 것들이었다. 여행 중반 유럽을 여행할 때까지만 해도 주머니 사정이 나쁘지 않았다. 하지만 더 많은 곳을 보고 싶은 마음이 커지면서 돈을 아껴야 했다. 이러한 마음이라면 나도 잘 알고 있다. 스물여섯 살이 되었을 때 내게는 어렵사리 모아둔 돈 400만 원이 있었다. 그 돈으로 가장 먼 곳까지 가보고 싶었다. 그래서 약 100일에 걸쳐 유라시아 대륙을 횡단해 이집트까지 가는 과정은 슈퍼마켓에서 산 음식들로 한 끼를 해결하고 버스나 기차 안에서 이동하며 자던 밤들로 가득 차 있었다. 김지호는 돈을 아껴 쓰는 데서 그치지 않고 벌어볼 궁리까지 해보았다.

> **"미국 라스베이거스에서 마트에 갔는데 콜라 한 박스를 한 캔당 25센트 정도의 가격에 파는 거예요. 이걸 사다가 한 캔당 1달러에 팔면 이익을 보겠다는 생각이 떠올랐죠. 네 박스를 샀어요."**

그의 계획대로라면 한 박스만 팔아도 본전, 그 뒤부터 이익이 생긴다. 마침 배낭에 여유 공간이 있어서 그것들을 짊어지고 다니다 터미널에서 꺼내놓고 몰래 판매하기 시작했다. 자판기 콜라는 1.75달러니까 1달러짜리인 자신의 것이 더 잘 팔리리라 생각했다. 하지만 결과는 달랐다. 75센트씩 두 개를 판 것이 고작이었다. 파는 일에 소극적이었던 데다, 한밤의 터미널에서 무언가를 마실 생각을 하는 사람은 드물었기 때문이었다.

어쩔 수 없이 콜라를 다시 짊어지고 샌디에이고로 향했다. 샌디에이고 날씨는 아침저녁으로 추웠던 라스베이거스와

장기 여행자의 마음

김지호,

딴판으로 달랐다. 터미널 근처에서 콜라를 팔려다가 경찰에게 몇 차례 쫓겨난 끝에 해변까지 가게 됐다. 그새 콜라는 무더운 날씨 탓에 미지근해졌다. 아이스박스까지 갖춘 히스패닉 노점상들 사이에서 시원하지 않은 콜라가 팔릴 리가 없었다. 세 개를 1달러에 판다고 해도 관심을 갖는 사람이 없었다.

결국 호스텔로 들어가 같이 묵는 이들에게 콜라를 나눠 줬다. 미련이 남아 한 박스는 남겨 멕시코로 넘어가는 국경에서 팔아보려고 했다. 미국 물가만 생각하고 두 개에 1달러씩이면 적당하겠거니 생각했지만, 여전히 팔리지 않았다. 10페소에 한 캔을 겨우 팔고 저녁이 되어 국경을 넘었다. 멕시코에 들어서서 보니 1리터짜리 콜라를 20페소면 살 수 있었다. 그렇게 김지호의 장사는 "망했다".

돈을 아끼기 위해 애를 쓰는 그였지만, 무턱대고 아끼기만 해서는 제대로 된 여행을 할 수 없었다. 결국 김지호가 찾아낸 건 상품으로서 제공되는 여행 서비스가 아니라 자기 힘으로 여행을 만들어가는 방법이었다. 예컨대 여행 경비 중 가장 큰 비중을 차지하는 교통수단의 경우, 충분히 검색하고 고민해서 이동 경로를 결정한 다음 이동 수단을 어떻게 구성할지 계획했다.

"검색을 많이 하면 그만큼 싼 교통수단을 찾을 수 있더라고요. 유럽에서는 여행자들이 주로 선택하는 유레일패스 대신 버스나 블라블라카(유럽 기반의 카풀 서비스 애플리케이션)를 활용했어요. 지도를 보며 히치하이킹이 될 것 같은 구간을 알아보기도 했고요. 중국에서는 여행 초기에만 고속열차를 타고 그 뒤로는 우리나라로 치자면 통일호급의 기차를 타고 이동했죠. 주로 밤에 이동했어요. 숙박비를 아끼려고요. 너무 늦게 도착하면 노숙을 하기도 했습니다."

목적지에 도착해서도 투어 프로그램을 이용하기보다는 인터넷에서 정보를 찾아서 공부한 뒤에 박물관이나 유적지를 관람했다. 현지 공항이나 인포메이션 센터에서 무료로 나눠주는 책자, 숙소에서 배포하는 무가지도 유용했다. 에티오피아에서 케냐로 이동할 때에는 투어 프로그램에 참여하는 대신 이동 경로 정보를 얻은 뒤 버스 터미널을 찾아가 다시 현지인들에게 물어가며 다니기도 했다. 간혹 관광지가 아닌 도시에 도착했을 때 그날 운행하는 버스가 모두 끊기기도 했다. 다행스럽게도, 그런 곳들에도 어느 정도 규모를 갖춘 숙소들이 있었다. 여행자를 위한 곳은 아니었지만 벽으로 둘러싸인 곳에서 잘 수 있다는 것에 안심했다.

일탈로서의 여행

쿠바를 함께 여행할 때 김지호는 책상으로 쓸 만한 어느 곳에나 노트를 펼쳐두고 아침저녁으로 일기를 쓰곤 했다. 함께 걸을 때면 그가 뒤처지는 경우가 많았는데, 그때마다 끊임없이 사진기의 셔터를 누르고 있었다. 그래서일까, 인터뷰 내내 그가 들려주는 에피소드들은 매우 구체적이었다. 어째서 그렇게 기록에 집착했는지 물었다.

> "이렇게 긴 여행은 일생에 한 번밖에 없을 거라고 생각했어요. 한 번 여행했던 장소에 다시 가기는 힘들 테고 기억에는 한계가 있으니까, 제가 어떤 나라에 가서 무엇을 하고 봤는지 최대한 꼼꼼하게 기록해두려고 했죠. 사진도 정말 많이 찍어뒀어요. 그래서 제가 걸었던 길들의 사진이 듬성듬성하지 않고 이어져요. 영상을 보듯 기억이 연결되는 이유입니다."

'어쩌다 보니' 긴 여행을 하게 되었고 그렇게 오래 여행하다 보니까 '장기 여행자 특유의 기운'을 내뿜는 사람이 되었을 뿐, 그는 애초부터 방랑벽을 타고난 사람이 아니다. 본격적인 배낭여행을 시작하기 전의 이야기를 들어보더라도, 아주 어렸을 적에 친척들과 계곡에 가서 캠핑했던 기억이나 군 생활을 할 때 간부들과 "낚싯대를 던져놓고 술을 마시러" 갔던 기억 정도가 여행의 전부였다. 스스로 계획해서 떠났던 장기 여행은, 어쩌면 그에게 일탈이었는지도 모른다.

김지호의 여행은 어떤 의미에서는 고전적이다. 고전적 의미에서의 여행이란 '헝그리 정신으로 무장한 채 어려운 상황들을 이겨내며 성장하는 일시적인 일탈이자 모험'쯤 될 것

이다. 고전적 여행자의 반대편에는 일시적 일탈로서의 여행이 아니라 일상으로의 귀환을 거부하고 여행 자체를 삶의 방식으로 삼는 이들도 있었다. 이를테면 물가가 싼 나라에서 심심찮게 만나게 되는, 워킹 홀리데이로 번 돈으로 그곳에 장기 체류하는 여행자들이 그랬다. 장기 여행자라 하더라도 돌아갈 때를 생각하는 사람과 그러지 않는 사람이 있는 것이다.

김지호는 자신의 여행이 일시적인 것임을 알았다. 그러하기에 기록하는 데에 몰두했을 것이다. 30권이 넘는 노트에 일기를 남겼고 찍어둔 사진은 10만 장이 넘는다. 지금도 그는 종종 일기나 사진들을 보면서 여행을 추억하곤 한다.

"얼마 전엔 우유니 소금사막에서 나체로 찍은 사진을 다시 봤어요. 이때 진짜 피부가 검었구나, 생각하며 혼자 웃다가 호스텔에서 일하는 사람에게 화를 냈던 기억까지 이어지더라고요. 일기장을 뒤적여봤죠. 지금 와서 생각해보면 그 정도로 화낼 일은 아니었는데, 그때는 왜 그랬을까 반성하기도 했어요."

일기장에는 김지호가 여행하는 동안 만난 수많은 사람들의 이야기도 담겨 있다. 그중에는 그 못지않게 긴 시간 동안 여행한 사람들도 있었다. 대개는 좋은 사람들이었지만 그렇지 않은 사람들도 있었다. 이를테면 '여행왕' 행세를 하는 사람들. 여행이 시야를 넓힌다는 통념을 뒤엎는 사람들도 있었다. 자신이 경험한 것이 세상의 전부인 것처럼 말하는 사람

장기 여행자의 마음

들이었다. 그런 사람들은 반면교사가 되었다. 여행을 오래 했다손 치더라도 자신이 보고 느낀 것은 세상의 일부일 뿐이었다. 여행이라는 것은 결국 그 일부에 대한 경험의 폭을 조금이나마 넓히는 일이라는 생각이 들었다. 그래서 그는 결국 일상으로 돌아가게 돼 있더라도, 세상을 더 경험해보고 싶었다.

여행의 끝

1년을 예정하고 떠났지만 그보다 훨씬 오래 여행하게 된 첫 번째 계기는 아프리카 여행이었다. 아무래도 아프리카는 혼자 여행하기 쉽지 않은 곳이었다. 베트남에서 지갑을 잃어버린 채로 아시아 여행을 마치고, 한국으로 잠시 돌아와 다시 여행을 떠날 채비를 하던 시기에 대학 동기가 아프리카 여행을 제안했다. 함께 여행할 사람들을 모으고 그들과 속도를 맞추다 보니 여행이 길어졌다. 유럽 여행에서도 가야 할 곳이 늘어났다. 대개의 여행자들이 가는 나라들만 여행할 계획이었지만 사람들이 많이 찾지 않는 나라들은 어떤 느낌일지 점점 궁금해졌다.

"우리나라 사람들은 보통 유럽에서 이탈리아나 프랑스, 영국 정도, 그보다 더 간다면 스페인과 포르투갈 정도를 여행하는 것 같아요. 유럽을 반 토막만 여행하는 셈이죠. 유럽도 지방색이 강해요. 잘 알려지지 않은 나라의 사람들은 어떻게 생활하는지 알고 싶었어요. 이탈리아에서 항공권을 검색하다 보니 단돈 10유로에 루마니아로 갈 수 있더라고요. 그래서 동유럽에 발을 들이게 됐죠. 잘 몰랐던 나라들이었지만 가보면 뭔가 유명한 것 하나씩은 있었어요. 여행할수록 그 나라에 대한 호기심이 생겼습니다."

그렇게 유럽에서만 6개월을 보냈다. 추석을 보내러 시베리아 횡단열차를 타고 한국에 돌아왔을 때 이미 1년이 지나 있었지만 여행을 반만 마친 기분이었다. 명절을 맞아 모인 친척들은 모두 취업 걱정을 했다. 반감이 생겼다. 친척들에게는 미국만 세 달쯤 여행하고 오겠다고 이야기해두었다. "너 미국 갔다가 남미도 갈 거지?" 어머니가 넌지시 말씀하셨다. 어머니의 말대로 그는 북미를 3개월간 여행한 뒤 라틴아메리카로 갔다. 그곳에서의 여행 기간도 계속 늘어났다. 보통의 여행자들이 도는 3개월간의 '국민 코스'로는 성에 차지 않았다. 한 달 반을 들여 멕시코와 쿠바를 여행했고 콜롬비아나 에콰도르, 베네수엘라까지 여행하고 나니 6개월이 지나 있었다. 중미의 몇 나라를 빼놓은 것이 아쉬워 가이아나와 수리남, 트리니다드 토바고를 마저 여행했다. 그때쯤 되니 여행을 언제 마치는지는 의미가 없다는 생각이 들었다.

"꼭 가고 싶은 나라만 추려놓고 제가 만족스러울 때까지 여행하기로 했어요. 너무 늦지만 않으면 된다고 생각했죠. 아시아를 여

장기 여행자의 마음

행했지만 인도나 네팔을 못 가본 것이 생각나서 그곳으로 다시 향했어요. 그러다 보니 돈을 모두 써버리게 되었습니다. 돈이 없으니 여행을 마칠 수밖에 없었죠.(웃음)"

만족의 기준이 너무 높긴 했지만, 어쨌거나 그는 '할 만큼 했다'는 생각이 들 때까지 여행했다. 여행을 마친 김지호는 생각이 여유로워졌다는 것을 느꼈다. 무엇보다도 여행이 어떤 부분을 충족시켜줬다는 기분이 들었다. 목표를 설정하고 반드시 이뤄내야겠다고 생각하며 그동안 살아왔다면, 이제는 꼭 그 목표가 아니더라도 어떤 일이건 하면서 살아갈 수 있겠다는 자신감도 생겼다. 그리고 목표했던 바가 아닌 방향으로 나아가더라도 만족하며 살 수 있지 않을까 하는 생각이 들었다.

유목의 세계에서 정착의 세계로

인터뷰를 마치고 계절이 몇 번 바뀐 뒤, 김지호는 나의 스튜디오를 다시 찾았다. 이번에는 정장을 입고 있었다. 여러 회사에 이력서를 내고 몇 차례 면접을 본 결과, 괜찮은 직장에 취직했다고 멋쩍게 말했다. 사원증에 쓸 사진을 찍고 스튜디오를 나서서 감자탕과 소주를 사이에 두고 마주 앉았다. 무엇보다 먼저 취업을 축하했다. 그리고 앞으로 여행은 어떻게 할 것인지 물었다.

"장기 여행은 힘들어지겠죠. 길어봤자 1, 2주가 아닐까요? 우선은 못 가봤던 나라들에 가보고 싶어요. 그리고 괌이나 동남아 같은, 아무것도 하지 않고 차분히 쉴 수 있는 휴양지에 갈 것 같아요."

유대인, 떠돌이 집시, 이탈리아 집시, 보헤미안 집시 등 여행하는 모든 사람들은 그나마 존재하는 권리마저 박탈당하지 않으려면 언젠가는 다른 사람들이 원하는 대로 정착해야 한다는 사실을 알고 있다. 기독교인들의 신은 여행자들을 마음에 들어 하지 않는다. 대부분의 왕이나 군주, 권력자들 역시 여행자들을 불편하고 못마땅하게 여겨왔다. 정착한 집단에 접근하거나 어울리지 못하는 고질적인 방랑자들은 권력자들이 구현하길 원하는 공동체에서 늘 빠져나가려고 애쓰기 때문이다.[*]

그는 결국 유목의 세계에서 정착의 세계로 돌아왔다. 세상은 유목민을 달가워하지 않는다. 그들은 권력이 지켜내고자 하는 '중심'에서 벗어나고자 하는 사람들이기 때문이다. 자본주의는 유목의 삶을 살고자 하는 사람들에게 실업과 빈

---

[*] 미셸 옹프레, 『철학자의 여행법』, 강현주 옮김, 세상의모든길들, 2013.

곤이라는 벌을 내림으로써 통제하려고 한다. 그 힘은 정해진 시간에 정해진 장소에 있을 수밖에 없는 삶을 강요한다.

지하철역으로 들어서기 전, 김지호는 내게 손을 내밀어 악수를 청했다. 우리는 아주 오래 서로의 손을 쥐고 있었다. 그의 얼굴은 우리가 쿠바에서 헤어질 때처럼, 어딘지 서운해 보였다. 이번에야말로 그를 아주 먼 곳으로 떠나보내는 기분이었다.

여행하는 마음

1판 1쇄   2021년 8월 31일

지은이   김준연
펴낸이   김태형
펴낸곳   제철소
등록   제2014-000058호
전화   070-7717-1924
팩스   0303-3444-3469
제작   세걸음

전자우편   right_season@naver.com
인스타그램   instagram.com/from.rightseason

© 김준연, 2021

ISBN 979-11-88343-48-5 03300